책임은 어떻게
삶을 성장시키는가

행동하는 철학자
사르트르에게 배우는
인생 수업

쓰쓰미 구미코 지음 | 전경아 옮김

더블북

사르트르는
답답한 내 삶을 풀어낼
돌파구다

안광복_ 철학박사 『처음 읽는 서양 철학사』 저자, 중동고 철학교사

사르트르는 '사상계의 제임스 딘'이라 불리곤 한다. 팬도 많고 일상인들에게 미치는 영향력도 크다는 의미다. 하지만 우리 현실에서 사르트르는 잊힌 철학자에 가깝다. 이제는 실존주의나 현상학을 연구하는 학자들 외에는 사르트르를 찾는 목소리가 별로 들리지 않는다. 왜 그럴까?

나는 그 이유를, 사르트르를 너무 학술적인 면에서만 바라보았다는 점에서 찾고 싶다. 『존재와 무』 같은 주요 저작들은 물론 의미 있게 다루어야 할 학문적 업적이다. 하지만 사르트르의 진짜 가치는 그를 '행동하는 지성', 나아가 '내 삶에 긍정적인 변화를 이끌 철학 실천자'로 바라볼 때 비로

소 보이기 시작한다.

이 책의 저자, 쓰쓰미 구미코는 사르트르의 매력과 가치를 제대로 살려냈다. 사르트르는 세상에 치여 움츠러든 이들의 어깨를 다독여주는 철학자다. 나아가 그는 힘들었던 과거와 녹록치 않은 현실에 주눅들지 말고 당당하게 자신을 가꾸어나가라고 충고한다.

사르트르의 가르침을 'Be, Do, Have'라는 세 동사로 설명하는 내용은 이 책의 고갱이라 할 만하다. 내가 어떤 사람인지(Be)를 규정하면, 여기에 따라 어떻게 행동(Do)해야 하는지가 정해지고, 이에 따른 결과(Have)가 맺어진다. 나아가 이 결과는 다시 내가 어떤 사람인지(Be)를 보여준다.

예컨대, 스스로를 '용기 있는 사람(Be)'이라 여기면 이에 마땅하게 행동(Do)하게 되고, 여기에 걸맞은 결과(Have)가 쌓여갈 것이다. 반면, 자신을 '겁 많은 사람(Be)'으로 여길 때는 이런 이들의 특성에 맞게 처신(Do)하며, 행동의 결과(Have)들은 나를 겁쟁이로 만들어갈 것이다.

그렇다면 나는 스스로를 어떤 사람으로 여겨야 할까? 과거는 중요하지 않다. '지금 이 순간', 주어진 현실을 편견 없이 받아들이고 어떻게 대처해나가는지가 나를 새롭게 만들어갈 것이다.

이러한 해설 속에는 "실존은 본질에 선행한다", "인간은 자유롭도록 선고받았다", "인생은 B(Birth)와 D(Death)사이의 C(Choice)다" 등등 사르트르 사상의 핵심들이 오롯이 녹아 있다. 복잡하고 정교한 논증을 따라가지 않고도 사르트르를 이해하며 내 삶의 변화를 이끌 통찰을 얻게 되는 구도다.

더욱이 쓰쓰미 쿠미코는 심리상담사이기도 하다. 그녀는 책에서 아버지와 갈등을 겪는 아들, 이직을 고민하는 회사원, 결혼을 해야 할지를 놓고 갈등하는 젊은이 등과의 대화를 통해 사르트르의 가르침들을 현실에 어떻게 적용해야 할지를 구체적으로 풀어놓는다. 누구나 겪을 법한 일상의 문제들이기에 책 내용이 울림 크고 호소력 있게 다가온다. 이 점에서 이 책은 국내에서 보기 드문 사르트르 사상의 '현실 적용 매뉴얼'이자 해설서라 할 만하다.

다만 독자 분들께는 이 책이 학술서가 아니라는 점은 짚어드려야 할 듯싶다. 이 책은 '사르트르 사상을 응용한 실용 인문학' 서적으로서의 가치가 크다. 현실 적용에 방점이 큰 책이기에 내용을 꼼꼼하게 훑으며 쓰쓰미 구미코의 해설이 과연 사르트르의 주장과 맞는지를 검증하려는 노력은 큰 의미가 없겠다. 일상인들에게는 사르트르의 철학을 정확하게 이해하는 것보다 '사르트르적인 통찰'을 통해 내 삶을 어떻게 바라보고 긍정적인 변화를 이끌어내는지가 더 중요하기 때문이다. 책에는 따라가기 힘든 사르트르 사상의 정교한 논증들은 덜어내고, 삶의 구체적인 장면마다 현실적인 조언을 안겨줄 만한 통찰들이 가득 담겨 있다.

이 점에서 『책임은 어떻게 삶을 성장시키는가』는 생애 전환기, 자기 삶의 방향과 진로에 대해 고민에 잠긴 이들에게 더없이 좋은 책이다. 쓰쓰미 구미코가 펼치는 일곱 번의 철학 상담을 따라가다 보면, 왜 사르트르가 '사상계의 제임스 딘'이라 불리는지를 이해하게 될 것이다. 아울러 진한 위로와 함께 세상을 새롭게 헤쳐 나갈 용기가 묵직하게 다가올 것이다. 삶에 지쳐 새로운 돌파구가 필요한 이들에게 이 책을 적극적으로 권하고 싶다.

인생은
지금 여기서부터
시작하면 된다

"당신은 누구입니까?"

"구미코입니다. 도쿄에서 회사를 다니고 있습니다."

"내가 물은 건, 이름도 일도 사는 곳도 아닙니다. 당신은 누구입니까?"

"…… 무엇을 물어보시는 건지 모르겠습니다. 어떻게 대답해야 할지도요."

"자신이 누구인지도 모른 채로 살고 있는 건가요?"

"네? '누구인가'라니…… 그게 무슨 뜻인가요? 나는 누구라고 말할 수 있어야 하는 걸까요?"

이는 25년 전, 제가 한 스승과 나눈 대화였습니다. 저는 그때 매일 일이 끝나면 '인생학교'로 향했습니다. 이를테면, 어른을 위한 학원였죠. '어떻게 살아야 하는가'를 가르쳐주는 곳이었습니다. 거기서 만난 선생님에게 가르침을 받고 나서 제 삶은 백팔십도 바뀌었습니다.

아무 생각 없이 매일을 무의식적이고 철없이 살던 20대의 제가 인생을 진지하게 생각하게 되었고 '인생의 본질'을 깨우쳐간 30대부터는 하고 싶은 일을 하며 살아왔습니다. 지금은 인생을 걸 만한 가치가 있는 목적을 찾아서 매일 행복하다고 단언할 수 있는 인생을 살고 있습니다. 그 위대한 선생님의 다음과 같은 가르침이 제 인생의 버팀목이 된 것입니다.

• 지금까지 어떻게 살았는지는 관계가 없다
• 과거는 지워도 상관없다
• 인생은 '지금 여기서부터 시작'할 수 있다
• '자기 자신을 잃지 않고 어떻게 자기답게 살지'를 찾아보라

• 자신을 미래에 내던지고 지금을 자유롭게 살아라

나중에야 알았지만 그 위대한 선생님의 가르침의 근본에
는 장 폴 사르트르(Jean Paul Sartre)의 철학이 있었습니다. 사르
트르는 프랑스가 낳은 서양철학의 거두입니다. 인간의 존재
의미에 대한 철학적인 사색과 관찰로 당대 유럽의 사상계
를 주도한 실존주의 사상가죠.

그는 1905년에 태어났고, 1966년에는 일본도 방문했습
니다. 일본에서도 정말로 인기가 많아서 같은 해에 방문한
비틀스 못지않은 열광적인 환영을 받았다고 합니다. 일본
방문에 맞춰 재발매된 『사르트르 전집』은 300만 부가 팔려
엄청난 베스트셀러가 되었습니다. 작가 오에 겐자부로(大江
健三郎, 일본 전후세대를 대표하는 소설가이자 노벨문학상 수상자)와 영
화감독 오시마 나기사(大島渚, 사회를 보는 날카로운 시선과 새로운
형식에 대한 도전으로 일본 영화사의 중요한 흐름을 이끌었던 감독) 등
일본을 대표하는 수많은 문화계 인사에게도 영향을 끼쳤습
니다.

철학이라고 하면 어려운 내용을 어려운 말로 떠들어대는 학문, 제한된 지식계급의 사람들만이 하는 학문으로 여기기 쉬운데 사르트르의 철학은 아니었습니다. 그것이 일반인에게도 널리 사랑받은 이유입니다. 제2차 세계대전 후, 세상이 혼란에 빠지고 많은 사람이 '어떻게 살까'를 고민했습니다. 그 사람들에게 정신적 지주가 된 것이 사르트르가 설파한 '실존주의'였죠. 사르트르의 가르침은 알기 쉬우면서 지극히 실천적이었습니다.

그는 폐색된 사회에서 어떻게 살아야 할지 몰라 어쩔 줄 모르는 사람들에게 "누구나 인생을 스스로 선택한다. 자유롭게 살아라"라는 메시지를 보냈습니다. 그리고 그 메시지에 사람들은 마음을 열고 희망을 가슴에 품었습니다.

사르트르의 철학에는 주로 다음과 같은 가르침이 있습니다.

"인간 한 명 한 명이 절대적인 자유를 갖는다."
"인간은 자기 스스로 존재 방법을 만들어내며 그 이외에는 아무것도 아니다."

"무엇을 선택하든 그것은 인간의 자유다. 단, 모든 책임을 스스로 지지 않으면 안 된다."

"자신을 미래에 맡기고 자유롭게 살아도 된다."

"행동의 책임에는 사회와 인류의 미래에 대한 책임까지 포함된다."

사람들을 행동으로 이끈 사르트르의 가르침은 '행동 철학'이라 일컬어졌습니다. 사르트르 본인도 자신의 철학을 실천하며 스스로를 '행동하는 철학자'라고 칭했습니다.

사르트르에게는 '앙가주망(Engagement, 지식인의 사회 참여)'이라는 유명한 사상이 있습니다. 그는 이 사상을 통해 "당신이 인간으로 태어난 이상, 사회에 참여해야 한다"라고 강력하게 호소했습니다. 그 자신도 나치가 지배하는 프랑스에서 레지스탕스 활동을 했고 정치적 발언도 적지 않게 했습니다. 소설가, 극작가로서도 인기가 높았고 저서도 그 수가 막대하여 인세가 상당한 액수였으리라 상상이 되는데 그

돈을 모으지 않고 망명자들에게 자금 원조한다며 아낌없이 썼다고 합니다. 이렇게 그는 늘 약자와 학대받은 사람들과 연대했던 철학자였습니다.

저는 그런 사르트르에게 매료되어 오랫동안 개인적인 연구를 거듭해왔습니다. 덧붙여 앞서 소개한 위대한 선생님의 뒤를 이어받아 직장인, 경영자, 주부, 그리고 고등학생부터 초등학생까지 사르트르의 철학을 삶의 전략으로 삼을 수 있도록 그들에게 사르트르의 철학을 쉽게 전하는 것을 생업으로 삼아왔습니다.

사르트르의 철학은 실천적이며, 일상에 적용했을 때 그 효과도 탁월합니다. 사르트르 수업을 들었던 사람들에게서 "인생이 달라졌다" "이제서야 겨우 나답게 사는 방법을 찾았다" "회사 실적이 올랐다" "매출이 늘었다" "고시엔(甲子園, 매년 봄과 여름에 열리는 일본 고교야구대회를 가리킨다. 고시엔은 오사카의 야구장 이름이다)에 출장할 수 있게 되었다"라는 기쁜 소식을 실제로 들었으니까요.

이 책에는 이 시대를 살아가는 이들에게 사르트르의 가르침을 통해 '사는 법'을 전수하는 인생학교의 교장인 '사르트르'라는 선생이 등장합니다. 이 사르트르 선생은 여성입니다. 사르트르의 가르침을 충실히 배운 저 그리고 저를 가르쳐준 스승, 두 사람의 인격이 녹아든 인물이라고 생각해주시기 바랍니다. 이 사르트르 선생에게 각자 삶의 고민을 짊어진 학생들이 찾아와 일대일 수업을 듣게 됩니다. 저는 사르트르 선생과 학생의 문답을 통해 사는 법, 생각하는 법을 알기 쉽게 알려드리려 합니다. 문답의 내용은 실제 학생들의 이야기를 바탕으로 했습니다. 어려운 철학 표현이나 용어를 쓰는 대신 누구나 이해할 수 있도록 담아내려고 했습니다.

독자 여러분이 '인생학교'의 학생이 되었다는 생각으로 문답을 따라가고, 자신의 인생에 질문을 던지면서 읽어나가기를 추천합니다. 거듭 읽는 동안에 분명 새로운 자신을 발견할 수 있을 것입니다.

네, 인생은 지금 여기서부터 시작하면 됩니다. 한 명이라도 많은 사람이 이 책에서 힌트를 얻어 '자신의 본질'을 만들어내고 자기다운 인생을 걸어나갈 수 있다면 더 바랄 게 없습니다.

쓰쓰미 구미코

차례 ...

1장

문제를 해결하려면 사실과 해석을 구별하라

2장

무엇을 해야 하는지 스스로에게 질문해보라

3장

사실이 명확해질 때 행동으로 옮겨라

4장

자신의 인생은 자신이 만드는 것이다

5장

타인의 판단에서 자유로워져라

나의 책임을 생각하며 살아라

7장

항상 '지금'에 집중하며 살아라

한적한 주택가에 덩그러니 서 있는 고풍스러운 서양식 건물. 간판은 없다. 아는 사람만 안다는 '어른을 위한 인생학교'다. 가르치는 과목은 딱 하나. '지금을 사는 방법.'

인생에 기적을 일으키고 싶은 바람을 가진 사람들이 차례로 문을 두드린다. 교실은 벽 한 면에 책이 꽉 들어찬 서재처럼 꾸며진 공간이다. 정면의 앤티크 의자에 나이를 가늠할 수 없고, 안경을 쓴 호리호리한 체구의 여성이 앉아 있다. 누가 이름을 붙였는지, 사람들은 그녀를 사르트르라고 부른다.

사르트르

'어른을 위한 인생학교'의 교장. 언제나 침착하고 냉정하다. 학교를 찾아온 이들의 인생을 성장시키는 것을 삶의 보람으로 여긴다.

오기 유스케(大木 祐介)

20대 남학생. 대학에서 문학을 배우고 있다. 아버지와 사이가 좋지 않다.

노나카 오스케(野中大介)

젊은 비즈니스맨. '돈 문제'로 고민하고 있다.

야마시타(山下) 점장

30대 남성. 운영을 맡은 술집의 매출이 오르지 않아서 고민이다.

가지타 마사미(梶田真佐美)

외국계 증권회사에서 일하는 사회생활 5년 차 20대 여성. 일이냐 결혼이냐 삶의 보람이냐, 선택의 기로에서 흔들리다 인생의 방향을 잃어버렸다.

하토리 게이이치(服部敬一)

30대 남성. 회사를 그만두고 한동안 여행을 다닌 후 사업을 하려고 계획을 세우고 있다. 하지만 막상 회사를 그만두려니 망설여진다.

다나카 고지(田中康二)

모 회사의 과장이다. 잦은 실수를 저지르는 부하 직원과 들어오면 바로 그만두는 신입사원 때문에 골치를 썩고 있다.

고등학교 야구선수 야마구치(山内)와 노구치(野口)

한 고등학교 야구부의 에이스 투수와 4번 타자. 목표는 지금까지 아무도 해내지 못한 고시엔에 처음으로 출장하는 것이다.

1장

문제를 해결하려면
사실과 해석을 구별하라

제일 먼저 이해해야 하는 건
내가 이해하고 있지 않다는 점이다.

—장 폴 사르트르

오늘 인생을 배우러 온 사람은 오기 유스케 씨다. 사립대학의 국문학과에 재학 중인 학생으로, 최근 들어 아버지와 사이가 안 좋아진 것을 두고 고민하고 있었다.

'싫다'는 감정은 존재하지 않는다

오기 아버지와 사이가 좋지 않습니다. 얼굴을 봐도 할 말이 없고, 아버지만 생각하면 마음이 울적해집니다. 솔직히 말해서 그냥 싫어요.

사르트르 싫다고요? 싫다는 감정은 오기 씨의 해석입니다. '싫다'는 감정은 실제로 세상에 존재하지 않아요.

오기　'싫다'는 감정은 존재하지 않는다고요?

사르트르　'싫다'는 '물질'을 본 적 있나요?

오기　네? …… 아니요. 그런데 선생님이 무슨 말을 하려는 건지 이해하지 못하겠어요.

사르트르　'싫다'는 감정은 물질로서 존재하지 않죠?

오기　네, 존재하지 않습니다.

사르트르　좋아요. 자세하게 한번 들어봅시다. 아버지와 언제, 어디에서, 무슨 일이 있었나요?

오기　…….

사르트르　말하기 힘든 모양이군요. 그렇지만 자세히 얘기해주지 않으면 알 수 없으니 힘내서 털어놔보세요.

오기　지난주 일요일에 저희 집 거실에서 있었던 일입니다.

사르트르　거기에 누가 있었죠?

오기　저와 아버지입니다.

사르트르　단 둘이?

오기　네.

사르트르　거기서 무슨 일이 있었나요?

오기　아버지가 저에게 심하게 말했어요.

사르트르   어떤 일로 심하게 말했나요?

오기   대학 동기들이랑 평론집을 하나 만들었어요. 처음에는 우리만 만족하면 된다고 생각했지만 예상과 달리 만듦새가 괜찮아서 '전자서적으로 만들어서 판매를 해보자'는 얘기가 나왔습니다. 주말에 인쇄된 걸 집에서 읽고 있는데 아버지가 퇴근하고 돌아오셨어요. 아버지도 대학시절에 국문학을 전공한 터라 "한번 읽어보시라"고 원고를 건넸습니다.

사르트르   아버님이 읽으셨나요?

오기   그 자리에서 휘리릭 넘기더니 대뜸 "시시하네. 이런 건 문학론도 뭣도 아니야. 시간 낭비지"라며 원고를 테이블에 툭 던져놓더라고요.

사르트르   구체적으로 어느 부분을 보고 '시시하다'라고 말한 거죠?

오기   첫 페이지요. 그러더니 "이런 걸 누가 읽니? 이 재미없는 걸" 하고 못마땅한 표정으로 말했어요. 얼마나 힘이 빠지던지…….

사르트르   오기 씨는 전자서적을 만들어서 팔려고 했어요. 즉,

비즈니스를 하려고 한 거예요. 거기에는 어떤 의도 가 있었죠?

오기 인터넷으로 판매해서 교수님과 편집자 눈에 띄면 연구자의 길을 걷게 될 수도 있고, 종이책으로도 출판해야겠다는 계획도 생각하고 있었습니다.

사르트르 그러니까, 그 평론집은 오기 씨의 장래를 좌우할 가 능성이 있다는 말이군요. 그렇게까지 중요한 원고 라면 "이런 걸 누가 읽겠냐? 이 재미도 없는 걸"이 라고 심한 말을 들었다고 풀이 죽고 상처를 입어서 는 안 되지 않을까요? 그보다 아버님의 반응을 보 고 "그거 흥미진진한데요? 어느 부분이 재미없었 어요?"라고 물었어야죠.

오기 그게 무슨 말인가요?

사르트르 아버님이 '재미없어'라고 했다면 그건 아버님의 해 석입니다. 그럼 '무엇이 재미가 없었는가' 하는 점 을 실재론적으로 밝힐 필요가 있었어요.

오기 실재론적으로 밝힌다고요?

사르트르 간단히 말하면 '무슨 일이 있었는지 밝히는' 겁니다.

실재론이란 '존재하는 이론' 즉, '무엇이 있는가?' '무엇이 일어나고 있는가?' '무엇이 존재하는가?'를 구체적으로 밝히는 개념입니다. 있었던 일(=실재한 일)에 초점을 맞추는 학문이라고도 할 수 있죠.

오기 씨는 아버님의 해석을 듣고 거기서 끝낼 게 아니라 아버님의 생각 안에 '무엇이 있었는지'를 물었어야 합니다. 요컨대, 아버님은 평론집의 어느 부분에서 '재미가 없다' '시시하다'는 감상을 느꼈는가? 그런 관점에서 철저히 이야기를 나눠야 했어요. 그러면 서로의 이해가 깊어지고 아버님의 감상이 변했을지도 몰라요. 오기 씨도 원고를 수정하는 데 참고가 되었을 거고요.

'즉자존재'와 '대자존재'

오기　'실재론적으로 밝힌다'에 관해 좀 더 자세히 설명해 주세요.

사르트르 좋습니다. 교통사고를 예로 들어 설명하겠습니다. 오기 씨가 차를 운전하는데 뒤에서 누가 차를 박았다고 칩시다. 오기 씨도, 차를 박은 상대도 다친 데는 없습니다. 하지만 오기 씨의 차는 뒤쪽 범퍼가 움푹 패었습니다. 그럴 때, 오기 씨라면 어떻게 할거죠?

오기 '큰일 났다'라고 생각할 것 같아요. 안절부절못하고 꽤나 동요하겠죠.

사르트르 네. 그럼 지금 오기 씨가 한 말을 두 가지로 나눠서 생각해보세요.

오기 두 가지요? 피해자와 가해자, 그런 식으로요?

사르트르 그렇게도 나눌 수 있겠지만 실재론적으로는 다른 관점으로 나눌 수 있어요. 다시 말해 구별하는 겁니다. 기본적인 것부터 설명하겠습니다. 존재에는 '즉자존재(卽自存在, Being-in-itself)'와 '대자존재(對自存在, Being-for-itself)'가 있습니다.

오기 '즉자'와 '대자'요?

사르트르 네. 간단히 말하면 '즉자존재'는 '물질', '대자존재'

는 '의식'이라고 볼 수 있습니다. 좀 더 말하면 '즉자존재'는 '바로 자신', '바로 나'라서 실제로 있다(='사실' '실존')고 파악할 수 있죠. 한편 '대자존재'는 자신에게 어떤 존재였느냐는 것, '해석' '의식' '감정'으로서의 존재를 말합니다.

오기 잠깐만요. 정리할 시간을 주세요. '즉자존재'는 '사실'과 '실존'이고, '대자존재'는 '해석'과 '의식', '감정'이라는 말인가요?

사르트르 맞아요. 즉자존재는 '실제로 있다'는 뜻이고, 대자존재는 '실제로는 없지만 해석으로서는 있다'는 뜻입니다.

오기 교통사고의 경우라면 실제로 일어난 일, 즉 사고 자체가 '즉자존재'이고, 그 사고를 큰일 났다고 한 해석이 '대자존재'인가요?

사르트르 이해가 빠르군요. 맞습니다. 교통사고 자체는 누가 봐도 바꿀 수가 없는 사실입니다. 실제로 있었던 단 하나의 사실. 하지만 그 교통사고에 대한 해석은 여러 가지가 있을 수 있습니다. 세계의 인구가 76억

명이라고 하면 76억 개의 해석이 나올 수도 있죠.

오기　하지만 선생님, 누구나 교통사고를 당하면 '큰일 났다'고 생각하지 않을까요?

사르트르　정말로 그럴까요? 누구나 '큰일 났다'고 생각할까요?

오기　그럴 것 같은데요.

사르트르　이번에 예로 든 교통사고에서는 아무도 다치지 않았습니다. 그렇다면 어쩌면 '아무도 다치지 않다니 다행이야! 나는 운이 좋아'라는 해석을 하는 사람도 있지 않을까요? 아니면 '마침 차를 바꾸려던 참이었는데 보험금이 나온다니 좋게 생각하자'라고 생각하는 사람도 있을지 모르죠.

오기　음…… 들어보니 정말로 그렇군요.

'현실'을 먼저 이해하고, '해석'은 나중에

사르트르　어떤 일이 일어났을 때, 인간은 그 일을 한 가지 시각으로만 보기 쉽습니다. 오기 씨처럼 '교통사고를 당했다! 큰일 났어'라는 식으로요. 하지만 인생에서 어떤 일이 일어났을 때는 두 가지 현상이 동시에 일어납니다. 거듭 말하지만 그건 '즉자존재'와 '대자존재', 다시 말해 실제로 일어난 '사실'과 그에 대한 '해석'입니다. 해석에는 '의식'과 '감정'까지 포함되는 거고요.

오기   '사실'과 '해석'의 두 가지로 나누어 생각한다……. 그렇게 하면 뭐가 좋은 건가요?

사르트르   침착하게 행동할 수 있죠. '교통사고가 일어났다. 무엇을 해야 할까? 그래, 경찰과 보험회사에 연락하자'라고 곧바로 다음 행동으로 옮길 수 있죠. 해석은 나중에 천천히 하면 됩니다.

오기   해석은 스스로 할 수 있나요?

사르트르   물론이죠. 어떻게 해석을 하든 자유입니다. 충격적인 일이 일어났다고 해도 즐거운 미래로 이어지는 해석을 할 수 있겠죠. 애초에 인간은 어떤 일이 일어나면 그 일에 부정적인 해석을 하려고 합니다. 무슨 일이 일어나면 위험으로부터 자신의 생명을 지키기 위해 일단 '위험해'라고 생각하게 되죠.

물론 부정적인 해석을 하는 것이 나쁘다고는 말할 수 없습니다. 어떤 해석을 하든 자유니까요. 다만, 부정적인 해석을 하기 전에 먼저 해야 할 일은 '사실로서 무슨 일이 일어났는지를 이해하는 것'입니다. 그러면 '실제로 일어난 일'만을 보고 해석은 나중에 스스로 하는 습관을 들일 수 있습니다. 그리고 '해석은 자신에게 달려 있다'라고 생각하면 삶이 훨씬 편해지겠죠.

오기　　　그렇군요.

사르트르　'사실'과 '해석'이라는 두 가지로 나누어 생각할 때 얻을 수 있는 두 번째 좋은 점은 문제 해결의 속도가 빨라진다는 점입니다. 이런 질문을 해도 될지 모르겠지만, 오기 씨는 혹시 경찰 조사를 받아본 적이 있나요?

오기　　　아…… 네, 있어요. 술에 취한 친구와 전철을 기다리다가 다른 승객과 친구가 승강이를 벌인 적이 있어요. 멱살잡이까지 가는 바람에 경찰이 출동했고,

저도 친구와 같이 역 사무실까지 가서 경찰 조사를 받았습니다.

사르트르 그때 경찰이 뭐라고 묻던가요?

오기 '실제로 무슨 일이 있어났는지'를 물었습니다.

사르트르 그렇죠?

오기 전철의 어느 부근에 있었는지, 누가 무엇을 했는지 등 "실제로 무슨 일이 일어났는지에 대해서만 말했으면 좋겠군"이라고 했습니다. 그때 우리는 열이 받아 흥분한 상태였기 때문에 "저희는 억울합니다. 저쪽이 먼저 성질을 내며 시비를 걸었다고요"라고 말했는데 "지금은 자네의 생각이나 자네가 어떻게 생각했는지 말하지 않아도 돼"라고 무정하게 말하더군요.

사르트르 사실을 사실로 말한다. 해석은 해석으로 말한다. 이를 통해 이야기의 내용이 신속하고 정확하게 전해지죠. 경찰을 비롯한 법 집행기관에 속한 사람들이 이 둘을 나누어 듣는 이유입니다. 둘을 구분하지 않고 말하면 혼란이 생기거든요.

오기　　　정말로 그러네요.

사르트르　세상일에는 즉자와 대자가 있다. 그것을 늘 염두에 두면 무슨 일이 일어났을 때, 자신을 냉정하게 관찰 하는 버릇이 생기게 됩니다.

오기　　　버릇이요?

사르트르　습관이라고 해도 좋겠죠. 복통으로 병원에 갔을 때, 의사에게 "지금 배가 아픕니다"라고 말했다면 그 '아프다'는 감정은 당신의 해석입니다. 그 고통을 관찰해서 '쿡쿡' 쑤시는지, '꾸룩꾸룩' 속이 더부룩 한지, '욱신욱신' 아픈지를 의사에게 알려주면 적절 한 진단이 내려지고 거기에 맞게 처방을 받을 확률 이 높아집니다. 늘 자신을 관찰하는 것이 중요한 이 유죠.

기대하기 때문에 실망하는 것

사르트르　원래 하던 이야기로 돌아가봅시다. 오기 씨의 경우도 아버님과의 사이에 실제로 일어난 일만을 보는 겁니다. 다시 말해 아버님이 "평론집이 재미없어"라고 말한 이유를 구체적으로 밝히는 것이 중요합니다. 아버님에 대한 해석, 감정은 나중에 이해하면 된다는 말입니다.

오기 아버지와 있었던 일을 쭉 마음에 담아두고 있었는데 '싫다'고 느낀 건 내 해석에 불과하다는 뜻이군요. '해석은 스스로 바꾸면 된다'는 말을 듣고 나니 마음이 훨씬 편해졌습니다.

사르트르 잘 됐네요.

오기 사실 그때, 저는 칭찬을 받고 싶었습니다.

사르트르 아버님에게요?

오기 네. "애썼구나"라는 말을 듣고 싶었던 것 같아요.

사르트르 기대하는 마음이 있었군요.

오기 네, 기대했습니다. 누구나 부모에게 칭찬을 받고 싶어 하지 않나요?

사르트르 누구나 부모에게 칭찬을 받고 싶어 한다?

오기 아차차. 누구나 칭찬을 받고 싶은지 아닌지는 모르겠지만, 적어도 저는 부모님에게 칭찬을 받고 싶었습니다.

사르트르 칭찬을 받고 싶으면 "칭찬받고 싶다"라고 말해서 밖으로 표출하는 편이 좋아요. "오늘 아버지에게 칭찬을 받고 싶어서 친구들과 만든 원고를 가져왔어요. 한번 읽어봐주세요"라고요. 그러면 아버님은 틀림없이 읽고 나서 칭찬해줬을 겁니다. "정말로 애썼구나"라고요.

오기 그럴까요?

사르트르 기대해놓고 그걸 말로 하지 않으니까 상황이 꼬이는 겁니다. 기대한 건 사실로 입 밖에 내서 존재시켜야 합니다. 마음에만 담아두고 석연치 않은 상태로 놔두면 안 됩니다. 말로 하면 대개는 실망하지 않죠.

예를 들어, 누군가가 오기 씨의 선물을 받고 기뻐해주기를 기대한다면 "뭐가 갖고 싶어?"라고 사전에 직접 물어보면 되죠. 원하는 걸 전해주면 상대도 기뻐할 겁니다.

오기　깜짝 선물을 하고 싶을 때는요?

사르트르　"놀라게 해주고 싶어서 내가 괜찮아 보이는 걸로 샀어. 선물 자체는 마음에 들지 어떨지 모르겠지만"이라고 말하고 전해주세요. 상대방이 놀라든 놀라지 않든 그걸로 끝. 그 사람이 그 선물을 마음에 들어 하느냐 마느냐는 오기 씨가 염두에 둘 게 아닙니다. 그 사람이 놀란다면야 오기 씨가 기대한 대로 되는 거고요.

오기　만일 모처럼 준 선물을 다른 사람에게 줘버리거나 하면은요?

사르트르　그것도 신경 쓰지 말아야죠. 만약에 그게 신경이 쓰이면 갖고 싶은 게 있냐고 묻고 나서 선물을 하면 되는 거잖아요?

수업 이후 오기 씨는 아버지에게 다시 한 번 평론집을 보여주었다. 그리고 "사실은 칭찬을 받고 싶었다"고 솔직하게 털어놓았다. 아버지는 "정말 고생했구나"라고 오기 씨에게 칭찬해주었고, 그 일을 계기로 부자 관계도 좋아졌다고 한다. 국문과 선후배로서 아버지와 오기 씨가 함께 평론집에서 다룬 작가의 연고지를 방문하기로 했다는 기분 좋은 소식도 전해왔다.

사르트르의 수업 포인트

★ 늘 '무슨 일이 있었는지(사실)'를 먼저 이해하라.
  그러면 혼란이 일어나지 않는다.
★ 마음속으로만 기대하지 말고 입 밖으로 표출하라.
  그러면 실망하지 않는다.

아무것도 없는 곳에
자신을 던지면서 살아가는 인간

장 폴 사르트르는 저서 『존재와 무』에 다음과 같이 썼습니다.

"인간은 지금 자신이 있는 곳에서 없는 존재인 듯이, 바꿔 말하면 자신이 아직 없는 곳에서 있는 존재인 것처럼 저편을 향해 늘 자기를 내던지는 존재다. 인간은 단순히 그 자리에 있는 사물 존재와는 달리 늘 자신을 바깥으로, 아직 있지도 않은 저편을 향해 현재의 자신에게서 탈출하는 존재다. 그 시도는 자기로부터 탈출하는 동안에만 있을 뿐이다."

돌은 돌이고 돌일 수밖에 없습니다. 하지만 인간은 돌 같은 물질과는 달리 욕망과 감정이 있습니다. 자신이 지금 있는 곳이 아니라 아직 없는 곳, 즉 아무것도 없는 미래로 자신을 던지면서 사는 존재라고 할 수 있습니다.

더 알기 쉽게 말하면 인간은 늘 아무것도 없는 미래를 향해 자신을 만들어내는 존재, '스스로 자신의 미래를 만들어가는 존재'라는 뜻입니다. 자신을 미래로 내던지면서 사는 것을 '투기(投企)'라고 합니다. '투기'에 관해서는 뒤의 4장에서 더 이야기하겠습니다.

만약에 지금 자신이 아무것도 아니라고 느껴진다 할지라도 걱정할 필요가 없습니다. 지금 이 순간부터 미래를 향해 자신을 만들어가면 되니까요.

2장

무엇을 해야 하는지
스스로에게 질문해보라

슬픔은 없다.
지금 이 상태로 무엇을 할 수 있는지
골똘히 생각하고 최선을 다해야 한다.

−장 폴 사르트르

봄볕이 따사로운 일요일 오후, 인생을 배우러 온 젊은 직장인 노나카 오스케 씨. '돈 문제'로 고민하고 있는 그의 이야기를 들어보자.

그것은 정말로 '사실'일까?

노나카　　이번 달, 돈에 쪼들려서 고민입니다.

사르트르　돈에 쪼들린다고요?

노나카　　네. 지금이 회사에서 한창 부서 이동이 활발한 시즌이거든요. 그러다 보니 환송회니 환영회니 술자리가 줄줄이 잡혀 있습니다. 인맥 관리 차원에서 어디는 가고 어디는 안 갈 수가 없어 빠질 수가 없어요. 그런데 전부 다 참가하자니 지갑에 돈이 남아나질 않습니다. 여자 친구와 여행도 가고 싶은데 엄두가 안 나고…… 여행은 고사하고 생활비도 다 감당이 안 돼요. 이대로라면 다음 달에도 분명히 적자가 날 거예요.

사르트르 '적자가 난다'는 것은 '사실'인가요, 아니면 당신의 '해석'인가요?

노나카 사실, 해석이요? 그게 무슨 말인가요?

사르트르 사실이란 행동, 실제로 일어난 일, 체험 등을 말합니다. 해석이란 사실과 대비되는 것으로 개념, 행동의 귀결, 결과, 과거의 기억 등을 가리키고요.

노나카 아, 그럼 제가 말하는 적자는 제가 해석한 게 아니라 사실입니다.

사르트르 정말 그럴까요? 저는 아닌 것 같습니다. 적자는 노나카 씨의 해석입니다.

노나카 해석이라고요?

사르트르 적자라는 사실은 없습니다. 그건 해석이자 개념이에요. 100만 엔이 부족하다는 것도 적자이고, 50만 엔이 부족한 것도 적자죠. 하나의 질문에 대해 사람에 따라 다른 대답이 나올 수 있는 게 해석이자 개념이에요. 그러면 당신의 경우, 사실은 어떤 무엇인가요?

노나카   사실이요?

사르트르   네, 사실이요. 이를테면, 이번 달 당신의 수입은 얼마인가요?

노나카   20만 엔입니다.

사르트르   이번 달 지출은요?

노나카   22만 엔입니다.

사르트르   2만 엔이 부족하군요.

노나카   네, 맞아요. 부족해서 집세도 다 내지 못하는 상황에 있습니다.

사르트르   그러면 당신에게는 '2만 엔이 부족해서 집세를 전액 낼 수 없다'라는 것이 사실이겠네요.

노나카   네, 그렇습니다.

'그랬으면 하는 자신'과 '현실의 자신'의 차이

사르트르   그러면 당신은 어떻게 하고 싶습니까?

노나카   어떻게 하고 싶냐니요?

사르트르   더 알기 쉽게 말하자면, 지금 당신은 어떤 사람이었
으면 좋겠나요?

노나카   집세도 밀리지 않고 꼬박꼬박 내는 착실한 사람이
고 싶습니다.

사르트르   그렇다면 '현재의 당신'과 '되고 싶은 당신' 사이에
는 어떤 차이가 있을까요?

노나카   '집세를 내지 못하는' 것?

사르트르   네. '되고 싶은 당신'에서 '현실의 당신'을 빼면 그
차이가 분명히 드러나고, 당신이 해야 할 일이 명확
해지게 됩니다. 그러니까 그 갭(Gab)을 메우라는 말
이죠. 단순하지만 중요한 생각법입니다. 그렇다면
그 갭을 메우려면 어떻게 해야 할까요?

노나카   어떻게든 2만 엔을 만든다?

사르트르   그렇습니다. 집세를 어떻게 할지에 대해 당신에게

는 몇 가지 선택지가 있어요. 가령, 어딘가에서 2만 엔을 조달해서 집세를 낸다거나, 아니면 떼어먹는다거나. 어떤가요?

노나카 아무리 그래도 떼어먹겠다는 생각은 해보지 않았습니다.

사르트르 네, 당연히 그러셔야죠. 그럼 집세는 언제까지 내야 하는 거죠?

노나카 이번 달 말까지입니다.

사르트르 이번 달 말까지 내려면 어떻게 해야 할까요?

노나카 누군가한테 빌려야되겠죠.

사르트르 누구한테 빌릴 건데요?

노나카 형이나 뭐…….

사르트르 만약에 빌릴 수 없다면요?

노나카 일부만이라도 내고 나머지는 다음 달까지 기다려달라고 집주인한테 부탁해봐야 할 것 같아요.

사르트르 그렇군요. 당신이 해야 할 일은 돈에 쪼들린다고 머리를 감싸쥘 게 아니라 구체적으로 적자가 얼마이고, 그 적자로 얼마를 낼 수 없는지를 명확히 하는 겁니다. 즉, 2만 엔이 부족해서 집세를 내지 못한다는 사실을 분명히 확인하고, 어떻게 할지 구체적으로 대응책을 생각해야 한다는 말이죠. 참고로 대응책을 생각할 때는 사실과 해석을 뒤죽박죽 섞지 않는 것이 아주 중요합니다.

사실과 해석에 기억이 뒤섞일 때

노나카   사실과 해석은 왜 뒤섞이는 건가요?

사르트르   무슨 일이 일어났을 때, 인간의 머릿속에는 다음과 같은 일이 벌어집니다.

① 실제로 무슨 일이 존재한다(돈을 흥청망청 써대서 어머니로부터 "씀씀이가 왜 이렇게 헤퍼? 생활비 안에서 써야지"라고 꾸중을 들었다).

② ①번의 상황이 기억이 된다.

③ 이어서 무슨 일이 일어난다(돈을 또 흥청망청 쓴다).

④ ③번의 일이 일어날 때, ②번의 기억이 ③번과

뒤섞여서 해석되고 존재하게 된다('전에도 같은 일이 있었는데'라고 생각한다).

⑤ 역시 그렇다고 판단한다('큰일 났다, 이러다 파산할 거야'라고 생각한다).

⑥ 이윽고 모든 일이 현재의 일이 아니게 된다. 즉 어떤 일이 일어나도 과거에 일어난 일과 일치하게 된다.

⑦ 실제로 존재하는 일이 보이지 않게 된다('집세를 내지 못하는 것뿐'이라는 사실이 보이지 않는다).

⑧ 또다시 기억이 뒤섞이게 된다.

⑨ 지금 일어나는 일과 기억이 하나가 된다.

노나카   그렇네요. 사실과 기억을 뒤섞어 해석하기 때문에 사실이 보이지 않게 되는 거군요.

사르트르   네. 좀 더 말하자면 일이 실제로 일어나는 일은 '지금'이지만 해석은 '기억'에 근거합니다. 그 둘을 혼동하고 과거의 기억에 의지해서 지금을 살기 때문에 인생이 뒤죽박죽이 되는 것이죠. 그러지 말고 사실과 해석을 구별하면 '지금'을 효과적으로 살 수 있습니다.

노나카   어떻게 사실과 해석을 구별해야 될까요?

사르트르   지금 내가 당신과 하듯이 사실에 대해 대화를 나누는 겁니다. '사실은 무엇인가?' '무엇이 존재했는가?' '실제로 무슨 일이 일어났는가?' 자기 자신에게 질문을 함으로써 실제로 있었던 일(사실)과 존재하지 않은 일(해석)을 구별하는 거죠.

좀 더 구체적으로 말해보자면 '언제' '어디에서' '누가' '무엇을'에 대해 명확하게 밝히면서 자기 안에서 대화를 하다 보면 사실이 더욱 선명해지고, 그러면 해야 할 일도 보이게 됩니다. 반대로 해석, 즉 '왜' '어째서'로 대화를 해서는 안 됩니다. 먼저 사실에 대해서만 처리를 해야 일이 효과적으로 진행될 수 있습니다. 사실이 보이면 거기에 대해서 해야 할 일이 보일 것이고, 그걸 실행으로 옮겨서 해결하면 되는 겁니다.

그 후 노나카 씨는 곧바로 형에게 2만 엔을 빌려서 집세를 지불했다. 이후로 그는 어떤 일이든 '사실'과 '해석'을 나누어 생각하는 습관을 갖게 되었고, 돈에 대한 고민도 자연스레 떨쳐낼 수 있게 되었다.

사르트르의 수업 포인트

★ 고민은 '사실'과 '해석'이 뒤섞인 상태로 나타난다.
고민을 생각할 게 아니라
무엇을 해야 하는지를 생각하라.
'사실'을 보다 구체적으로 밝히다 보면 해결책도 보인다.

실존은
본질에 선행한다

장 폴 사르트르는 "실존은 본질에 선행한다"고 말했습니다. 도대체 '실존'과 '본질'이란 어떤 의미일까요?

여기에 볼펜이 있다고 합시다. 이것은 실제로 존재하죠. 이것이 실존입니다. 단, '여기에 있는' 것만을 가리킵니다. '본질'은 근본적인 성질, 개념을 가리킵니다. 볼펜이라고 하면 무엇이 본질일까요? 바로 '쓰는 것'입니다.

볼펜의 경우는 본질이 실존에 앞섭니다. 즉, '뭔가 쓰는 도구가 있으면 편리할 테니 만들자'라는 목적(=본질)이 먼저 있었죠. 그리고 볼펜이 만들어진 겁니다. 그래서 실존합니다. 즉, 볼펜의 경우는 본질이 먼저고 실존은 나중이 됩니다. 의자도 마찬가지입니다. '앉는다'라는 본질이 먼저 있고, 그 후에 만들어졌기에 실존하게 됩니다. 즉, 사물의 경우는 '본질이 실존에 선행하는' 것입니다.

하지만 인간은 반대입니다. 인간은 '실존이 본질에 선행'합니다. 즉, 목적이 있거나 뭔가의 개념이 있어서 존재하는 것이 아니라 먼저 존재하고 그 후에 본질이 만들어진다는 뜻입니다.

인간은 먼저 존재하고 나중에 본질을 선택합니다. 가령 스즈키라는 경찰관이 있다고 합시다. 스즈키 씨는 이 세상에 태어날 때 제복을 입고 경찰관(=본질)으로 탄생한 것은 아닙니다. 먼저 태어나고(=실존하고) 그 후에 경찰관이 되었죠. 사실 스즈키 씨는 학교 선생님이 되었을지도 모르고, 카레이서가 되었을지도 모릅니다. 하지만 스스로 선택해서 혹은 어떤 이유로 경찰관이 된 것입니다.

이처럼 인간은 사물과 달리 '실존이 본질에 선행'합니다. 즉, 스스로 무엇을 만들지 않으면 안 되는 것입니다.

3장

사실이 명확해질 때
행동으로 옮겨라

인간은 정의할 수 없는 존재다.
왜냐하면 처음에는 아무것도 아니기 때문이다.
인간은 시간이 지나고 나서야 가까스로 무언가가 된다.
즉, 스스로 만든 존재가 되는 것이다.

—장 폴 사르트르

이날 사르트르 선생에게 인생을 배우러 온 이는 야마시타 점장이라는 30대의 남성이다. 자신이 운영을 맡은 선술집의 실적이 요지부동이라 어떻게든 만회하고 싶은 것이 요즘 그의 고민이다.

부하 직원의 우울한 상태는 상사의 탓?

사르트르 최근에 매장에서 어떤 일이 있었습니까? 마음에 걸리는 일이 있으면 말해주세요.

야마시타 직원인 기타오카가 쉬기로 했습니다.

사르트르 언제부터, 며칠간이나요?

야마시타 지난주부터입니다. 벌써 1주일이 되었네요.

사르트르 어디가 아픈가요?

야마시타 우울증이 아닐까 생각합니다.

사르트르 생각하는 건가요? 실제로 그런 건가요?

야마시타 모르겠습니다.

사르트르 야마시타 씨에게 연락은 했고요?

야마시타 네. "몸이 안 좋으니 쉬겠습니다"라고 했습니다. 그
렇게 된 건 제 탓이라는 생각도 듭니다.

사르트르 어째서죠?

야마시타 제가 좀 심한 말을 했거든요.

사르트르 언제, 어디서요? 무슨 말을 했는데요?

야마시타 지난주에 회의를 하다가 직원들 앞에서 "왜 넌 늘
그 모양이야?"라고 그를 혼을 냈습니다. 한참 전에
"해놓으라"고 당부했던 이벤트 계획을 아직도 세
우지 않았더라고요. 전에도 비슷한 일이 몇 번인가
있어서⋯⋯. 그런데 그 이후로 그 친구 표정이 계속
안 좋았어요.

사르트르 혼을 낸 자신에게 책임이 있다고 생각하는군요.

야마시타   아무래도 부하 직원이 우울해하면 그게 상사인 나 때문인 건 아닌지 생각하게 되더라고요.

사르트르   그럴 수도 있고 아닐 수도 있겠죠. 기타오카 씨가 일하러 나오지 않은 것도 자기 책임이라고 생각하나요?

야마시타   아마도……요.

사르트르   '아마도'라는 건 무슨 말인가요? 확실하지 않다는 건가요?

야마시타   네, 본인에게 확인한 건 아니니까요.

사르트르   그럼 야마시타 씨가 마음대로 생각한 해석이란 말이군요. 아무리 생각해도 정말로 그런지 알 수 없는 일도 있어요. 기타오카 씨가 일을 쉬는 이유는 본인이 아니면 모릅니다. 애초에 우울해하는지도 알 수가 없는 거고요. 그걸 당신이 아무리 머리를 싸매고 생각해봤자 해결책은 나오지 않죠. 무슨 문제가 있었다고 해서 사실인지 확실하지도 않은 상태에서 확신을 해서는 안 돼요.

머릿속에 '보류 상자'를 만들어라

야마시타 　그러면 어떻게 하면 좋을까요?

사르트르 　간단해요. 이다음에 기타오카 씨와 만날 때, 본인에게 물어보면 됩니다.

야마시타 　지금은 아무것도 하지 않는 게 좋을까요?

사르트르 　네. 그래도 신경이 쓰여서 도저히 참지 못하겠다면 할 수 있는 일은 있습니다.

야마시타 　그게 뭔지 가르쳐주세요.

사르트르 　지금 당신 안에 도사리고 있는 의문점을 '보류 상자'에 넣어두는 겁니다.

야마시타 　보류 상자요?

사르트르 　자신의 머릿속에 보류 상자가 있다고 상상하고 거기에 '우울해 보이는 기타오카에 관한 문제'라고 쓴 종이를 넣습니다. 그렇게 해서 머릿속을 정리해두는 거죠.

야마시타 　그렇게 하는 게 도움이 될까요?

사르트르 　안 그러면 당신은 계속해서 자기 마음대로 해석하고 '내 탓이야'라고 자책하겠죠. 하지만 그래봤자 아무 소용없어요. 해결책도 생기지 않고요. 사실이 밝혀지지 않는 동안 멋대로 자신을 자책하는 사람을 나는 한가한 사람이라고 부릅니다. 야마시타 씨는 시간이 남아도는 한가한 사람이 아니시잖아요?

야마시타   네…… 그렇죠.

이야기를 만들지 않아야 순조로워진다

야마시타   최근에 기타오카만이 아니라 다른 직원도 뭔가 문제가 있는지 매장 분위기가 처지고 말이 아니에요. 그 영향인지 폐점 시간도 늦어져서 쓸데없이 잔업을 많이 하고 효율적이지가 않아요. 어떻게 하면 좋을까요?

사르트르   사실과 해석을 구분해서 '실제로 무엇이 일어나고 있는가?'라는 사실만 파악해도 일이 순조롭게 풀릴 수 있고 매장 분위기도 좋아질 수 있어요. 사실과 해석이 뒤섞이고 회사 동료, 직원들이 '이야기'를 '만들어내니까' 일이 진행이 안 되는 겁니다.

야마시타 이야기라니 무슨 말인가요?

사르트르 많은 사람이 '무엇이 일어났는가' 하는 사실이 아니라 자신의 생각과 억측이라는 살을 붙여 한편의 이야기처럼 말한다는 뜻입니다. 가령 며칠 전에 한 회사에 다니는 여성 직장인에게 이런 이야기를 들었습니다.

"오늘 제품을 출하하지 못한 건 제 탓이 아닙니다. 부하 직원인 ○○ 씨가 업무 중에 계속 개인 용무로 전화를 했기 때문입니다. 저는 전화를 끊으라고 말했는데 들은 척도 하지 않았어요. 회사 전화를 사적인 용도로 쓰다니 도대체 무슨 생각인 건지! 사회인으로서 자격 미달이에요. 한 15분은 통화한 것 같아요. 그 사이에 운송회사 직원이 출하하러 와서 잠시 붙잡아뒀지만 결국 '다음에 가야 할 현장이 있어서 나중에 들리겠습니다'라고 말하고 돌아가버렸어요. 그 운송회사 직원은 막 결혼한 신혼이라서 빨리 집에 돌아가고 싶었던 게 아닐까 싶어요. 어쨌거나 회사에서 개인 용무로 전화하지 않았으면 좋겠어요."

이 말을 듣고 야마시타 씨는 무슨 생각이 드는가요? 이게 바로 '이야기'라는 겁니다. 다시 말해 "누구누구가 어떻게 생각했다"라느니 "누구누구의 가정 사정이 어쨌다"라는, 업무와는 전혀 관계가 없는 이야기라는 것이죠.

야마시타 그와 비슷한 사례가 우리 매장에서도 꽤 많아요. 듣고 보니 정말로 업무 중에 이야기하듯이 말하는 사람이 많은 것 같네요.

사르트르 이야기하듯이 하기 쉬운 말은 변명일 수 있습니다. 그것도 자각하지 않고 말하는 경우가 대부분이에요. 누군가에게 무슨 말을 듣고 "그게 이러이러하느라"라고 반사적으로 반응하는 것에 불과해요. 또 눈앞에서 문제가 발생했을 때, 누가 아무 말도 하지 않았는데 '내 탓이 아닐까' 혹은 '내가 잘못했어'라고 멋대로 생각하는 사람도 많고요.

아마시타 　우리 매장에도 그런 사람이 있습니다. 제 경험에서 보자면 그런 사람일수록 실수도 많이 하는 느낌입니다.

사르트르 　그렇습니다. 인간은 누구나 '주목받고 싶다' '인정받고 싶다'는 욕구를 갖고 있어서 무의식중에 눈에 띄기를 바라게 됩니다. '혼난다'는 건 좋은 일은 아니지만 어떤 의미에서 눈에 띄게 되죠. 즉, '잘못이나 실수를 하면 혼난다. 혼나면 눈에 띄게 되므로' 눈에 띄고 싶어서 무의식중에 실수를 되풀이하는 겁니다. 그리고 변명을 하느라 정신이 팔려서 자꾸만 실수하게 되고요. 이러한 사태를 막으려면 변명을 못 하게 해야 해요. 그러면 실수도 줄고 업무 효율도 올라갈 겁니다.

원인 규명은 대처가 끝나고 난 뒤에 하라

아마시타 　어떻게 하면 변명을 하지 못하게 막을 수 있을까요?

사르트르 방금 전에 말했던 여성 직장인의 이야기를 예로 들어보죠. 그녀의 업무에서 중요한 것은 "오늘 출하하지 못했다, 그러면 어떻게 하나?"라는 것뿐입니다. 현장에서 듣고 싶은 말은 그것뿐이에요. 그녀가 사실을 조리 있게 설명했더라면 영업직원이 "그러면 제가 제품을 보낼게요"라고 말해줬을지도 모릅니다. 퀵 서비스를 알아봤을지도 모르고요. 왜 출하하지 못했는지는 차후에 정리해서 설명하면 됩니다.

'무슨 일이 일어났고 뭘 하면 되는지'를 밝히는 데 본래라면 1분이면 끝날걸, 3분이니 5분이니 걸린 겁니다. 그거야말로 시간 낭비죠.

야마시타 그런데 원인 규명도 필요하지 않을까요?

사르트르 물론 원인을 밝혀서 개선하는 것은 중요합니다. 하지만 그게 '지금' 해야 할 일일까요? 적어도 '누구누구가 나쁘다'와 같은 자신의 생각은 불필요합니다. 개인 용무로 전화를 해서 출하가 지연됐다, 그렇다면 '출하 시간에는 사적 용도로 전화 금지'라는 규정을 만들면 됩니다. 아주 간단하죠. 거기에 이야기가 들어가니까 어떻게 해야 하는지가 보이지 않는 거예요.

야마시타 그렇군요.

사르트르 이야기하듯이 말하는 걸 그만두면 생산성이 향상되고 일이 빨리 끝납니다.

사실에만 주목해야 본질이 보인다

사르트르 그 외에 더 하고 싶은 말은 없나요? 매출이 오르지 않아서 걱정이라든가.

야마시타 실은 직원이 금방 그만두는 것도 걱정입니다.

사르트르 그 이유에 대해 짐작이 가는 데가 있나요?

야마시타 급료가 낮아서 생활이 힘들고 밤늦게까지 일이 계속되어 가족과 보내는 시간을 갖기가 어렵다는 점이 있습니다. 그래서 다들 바로바로 그만둬버리죠.

사르트르 그런가요? 바로 그만둔다니 언제, 몇 명이 그만두었나요?

야마시타 반년 전에 한 명이 그만뒀습니다. 아, 그리고 1년 전에도 한 명.

사르트르 그러면 1년에 두 명이 그만뒀군요.

야마시타 그런 셈이죠.

사르트르 한두 번 일어난 일로 마치 그게 전체인 양 생각해서는 안 돼요. '1년에 두 명이 그만뒀다'는 사실에만 주목하세요. 그러면 문제의 본질이 보다 명확해질 겁니다.

야마시타 죄송합니다. 저도 모르게 이야기식으로 말해서······. 저 역시도 이야기하듯이 부풀려서 말하는 버릇이 있는지도 모르겠네요.

사르트르 그런 버릇은 위험합니다. 점장님이 그러면 직원에게 좋은 본보기가 될 수 없어요. 비즈니스에는 이야기를 담아서 좋을 게 하나도 없죠. 중대한 사실만 가릴 뿐입니다.

직원이 그만두지 않게 하려면 그곳을 제대로 만들어야 합니다. 매장이 잘 되느냐 마느냐는 점장이 하기 나름이지 않을까요? 당신이 운영하는 선술집을 잘 관찰해보세요. 그곳은 어떤 곳인가요?

야마시타　샐러리맨이 뿜어대는 연기로 자욱해서 분위기가 다소 어두운 편입니다. 여성 분들은 선뜻 들어오기 힘든 곳인 것 같아요.

사르트르　당신이 자유롭게 매장을 꾸밀 수 있다면 어떤 곳으로 만들고 싶은가요? 어떤 곳으로 만들고 싶은지는 '당신이 어떻게 있고 싶은가?'와 일치해야 합니다. 당신은 어떤 곳에서 있고 싶죠? 긴장감이 감도는 장소인가요?

야마시타　아니요. 긴장감이 감도는 장소에 앉아 있으면 편하지 않잖아요.

사르트르　있기 편안한 장소로 만들고 싶군요?

야마시타　네. 그러니까 '와서 좋았다'고 생각되는, 마음을 치유할 수 있는 장소였으면 좋겠네요. 여성 손님들도 즐길 수 있는 곳이 되면 싶고요.

사르트르　그러면 내일부터 개점 전에 미팅을 열고 직원들에게 직접 말해보세요. "우리 가게를 오늘도 '있으면 편안한 장소' '마음이 치유가 되는 장소' '여성도 즐길 수 있는 장소'로 만들자"고요. 그러면 직원 모두가 그런 곳을 만드는 것이 중요하다는 걸 알게 될 겁니다.

당신이 말하면 무의식이 자극을 받아서 의식화되기 때문에 당신 자신이 본래 하고 싶었던 것이 무엇인지 깨닫게 될 겁니다. 지금 운영하는 술집은 직원에게 당신의 가게이자 당신이 주인인 장소입니다. 즉, 남의 것이죠. 그런데 당신의 생각과 말이 일치하면 그게 직원에게도 공유되면서 직원 한 사람 한 사람에게도 직장 자체가 자신의 것이 됩니다. 그렇게 되면 직원들이 쉽게 그만두는 일도 줄어들 수 있을 거예요.

야마시타 그만두지 않을 거라고요?

사르트르 네. 당신의 생각이 직원에게 공유되고, 그게 직원의 '생각'이 되면, 자연히 그들 자신도 그게 실현되기를 바라게 될 테니까요. 직원의 동기부여에 긍정적인 영향을 미칠 수 있을 겁니다. 그렇게 의욕이 향상되면 매출도 오를 수 있을 거고요.

불만을 보이게 함으로써 없앤다

야마시타 미팅에서 어떤 매장을 만들고 싶은지 그저 말하기만 하면 될까요?

사르트르 그저 말만 할 게 아니라 약간은 머리를 쓸 필요가 있겠죠. 가령 "오늘도 즐거운 곳으로 만들자"라고 말했다고 치면, 그 후에 이렇게 덧붙여서 말해보세요. "거기에 대해, 뭔가 마음에 걸리는 점이라도 있나요?"라고. 그러면 직원 중에 "그렇게 하고 싶지만 잠이 부족해서 일하다 자꾸만 줍니다" "피곤합니다"라고 대답하는 직원도 있을 거예요.

야마시타 그 대답을 듣고 저는 어떻게 답하면 좋을까요?

사르트르 "그러면 오늘은 어떻게 할까요?"라고 다시 물어봅니다. 대개는 "그대로 일하겠습니다"라고 대답할 겁니다.

야마시타 네? 그냥 마음속으로 생각한 것을 입 밖으로 내뱉게만 해준다는 말인가요?

사르트르 네. 직원 한 사람 한 사람이 마음속으로 생각하는 것을 실재하게 만드는 겁니다. 실제로 피곤한 사람도 있을지 모르지만 그저 "피곤하다"는 말이 하고 싶은 것뿐인 사람도 있을 겁니다. 그런 사람은 말로 하면 피곤이 가십니다. 반대로 '피곤하다'고 말하지 못하는 사람은 마음속에 계속 불만이 쌓이게 되고요.

'못해' '안 돼'라는 말의 저주에서 벗어나기

사르트르　그 외에 다른 문제가 또 있나요?

야마시타　말씀드린 것 외에도 여러 가지 문제들이 있죠.

사르트르　'여러 가지'라니 모호합니다. 구체적으로 말해보세요.

야마시타　실은 저 자신도 벌이가 얼마 안 돼서 생활이 어려운 데다 근방에 경쟁 술집이 늘면서 손님 쟁탈전이 벌어지고 있습니다. 거기에 재료비가 급등해 새로운 매력적인 메뉴를 개발하지 못하는 문제도 있고요. 격전 지역의 술집이란 정말로 버티기가 힘듭니다.

사르트르　점장님이 하는 말을 듣고 있으니 스스로 '못해' '안 돼'라고 단정하고 자기 자신을 옭아매고 있어요. 자신을 괴롭히고 있는 것처럼 들립니다. 자유로워 보이지 않고요. 일단은 그런 자신에게서 자유로워질 필요가 있어요. 인간은 본질적으로 자유롭습니다.

야마시타   자유롭다?

사르트르   네, 자유롭습니다.

야마시타   제가 어떻게 하면 좋을까요?

사르트르   이렇게 생각할 수는 없을까요? 벌이는 적지만 그럭저럭 먹고살 수 있다. 경쟁 술집이 많아도 우리만의 독자적인 매력을 발휘할 수 있다. 재료비가 이 만큼이나 있으니 어떤 메뉴라도 만들 수 있다……. 이렇게 자기 자신을 '못해' '안 돼' '아니야'라는 말의 저주에서 해방시키고 자유롭게 풀어주는 겁니다. 그리고 그런 말의 저주에서 해방되려면 '사실 나는 어떻게 생각하는가?'라고 스스로에게 질문해서 그 해석을 바꿀 필요가 있습니다.

야마시타   해석을 바꾼다……. 그렇지만 가령 '경기가 나쁘다'는 사실은 바꿀 수 없잖습니까?

사르트르   경기가 나쁜 건 당신 가게만의 이야기는 아닐 것입니다. 세상 어디나 비슷한 상황이죠. 그 점을 제외하고 매출이 오르지 않는 원인은 어디에 있다고 생각하죠?

야마시타   …… 저 스스로에게 의욕이 없는 것이 원인인지도 모릅니다.

사르트르   의욕이 없다?

야마시타   실은 아내가 집을 나가서 친정으로 가버렸거든요.

사르트르   부인이요?

야마시타   네.

사르트르   그래서 당신은 어떻게 하고 싶습니까?

야마시타   돌아왔으면 좋겠습니다.

사르트르   돌아오게 하려면 어떻게 해야 할까요?

야마시타   아내와 한 번 더 대화를 나눠봐야겠죠.

사르트르   네. 그렇게 해서 부인이 돌아온다면 당신도 의욕이 날 거예요. 점장이 달라지면 매장도 달라질 거고요. 그러기 위해서라도 부인과 잘 얘기해보세요.

문제의 본질은 자기 안에 있다

사르트르 대부분의 사람이 문제의 원인이 자신이 아닌 다른 곳에 있다고 여깁니다. 직원을 어떻게 대해야 할지 모르겠다, 상사가 무능하다, 부하 직원이 걸핏하면 안 나온다……. 하지만 사실은 자기 안에 진짜 문제의 원인이 있을 수 있습니다. 자신을 어떻게 대해야 할지 모르는 겁니다. '왜 이렇게 화가 날까?' '왜 나는 하지 못하는 걸까?' 그렇게 신경을 곤두세우고 있으면 그 기분이 직원에게 전해집니다. 그래서 직원도 일에 집중하지 못하죠. 그러니 문제의 원인은 자신에게 있는 겁니다.

야마시타 나 자신에게 말입니까?

사르트르 당신의 경우도 문제의 원인은 당신 자신에게 있다는 것을 이미 알고 있지 않나요? 부인이 집을 나갔다는 슬픔에 상당한 시간을 빼앗기고 있으니까요. 그래서 일에 집중하지 못하고 의욕도 나지 않고, 그 결과 당신이 운영하는 술집의 매출에도 영향을 준

것이고요.

야마시타   네. 그렇네요.

사르트르   매출이 안 좋은 원인은 일의 방식이 아니라 생각지 못한 곳에 있을 수 있다는 것입니다. 때로는, 가정의 문제에서 비롯되기도 하고요.

야마시타   제 경우도 그렇군요.

사르트르   그래서 직장이나 주변에 문제가 생긴 경우, 그 원인을 타인에게서 찾지 말고 먼저 '자신을 의심해보라'는 것입니다. 그러고 나서 '자신이 지금 무엇 때문에 힘들어하고 있는가'를 밝혀내야 합니다.

야마시타   어떻게 하면 내가 힘들어하는 게 뭔지 명확히 밝혀낼 수 있을까요?

사르트르   자신을 유심히 '관찰하는' 것입니다. '나에게 무슨 일이 있었는가?' '내가 어떻게 생각하는가'를 잘 생각해보세요. 일상 속에서 자신은 무엇을 느끼고 무엇을 바라고 무엇을 생각하고 있는지, 그때그때 신중하게 지켜보는 겁니다. 문제의 본질은 자기 안에 있으니까요.

야마시타 점장은 자신을 뒤돌아보고 부인과 대화를 나누는 자리를 가졌다. 그리고 두 달 후, 부인이 집으로 돌아왔다. 자신의 문제가 해결되고 의욕이 돌아오자 매장도 활기를 되찾았고 매출도 올랐다. 이처럼 개인적인 문제가 해결되어 마음이 안정되면 비즈니스 문제도 대개는 해결된다. 문제를 만드는 것은 어디까지나 자기 자신. 그러한 자신을 주의 깊게 관찰하는 것이 해결의 지름길이다.

사르트르의 수업 포인트

★ 사실에 괜한 억측과 가정을 덧붙여
이야기를 만들면 문제의 본질이 가려진다.

★ 문제가 있는 타인을 보지 말고
자기 자신을 관찰해보라.

실존주의적 문답으로
문제를 해결하는 방법

실존주의에서는 '자신의 본질은 자기 스스로 만들 수 있다'고 합니다. 어떻게 해서 '자신의 본질'을 만드느냐 하면, 미래에 '자신은 이렇게 되고 싶다'고 '던지는 것(투기, 投企)'이죠. 그렇게 해서 자신을 자유롭게 만드는 겁니다. 단, 모든 책임은 자신에게 있습니다.

뭔가 고민이나 문제가 있는 사람이 상담하고 싶다고 찾아왔을 때, 위와 같은 생각을 바탕에 두고 문답을 주고받으면 나이를 불문하고 인생에서 겪게 되는 다양한 문제를 해결할 수 있습니다.

이불에 오줌을 싸는 아이와 나눈 다음의 대화를 예로 설명해보겠습니다.

"자꾸만 이불에다 오줌을 싼다면서?"

"네."

"이불에다 오줌을 싸는 걸 너도 알고 있어?"

"네. 오늘 아침에도 이불에 오줌을 쌌어요."

"그래. 이불에다 오줌 싸는 걸 어떻게 생각해?"

"창피해요. 그래서 어디론가 숨고 싶어요."

"이불에다 오줌 싸면 싫어?"

"네, 싫어요."

"그러면 어떻게 하고 싶어? 뭘 하면 이불에다 오줌을 싸지 않게 될까?"

"자기 전에 주스를 마시지 않으면요."

"그러면 그렇게 해볼래?"

"네, 해볼래요."

"언제부터 할 거야?"

"오늘부터요."

이렇게 상대가 아이라고 해도 문제를 똑바로 자각시킬 수 있으면(실존하게 만들 수 있으면) 쉽게 해결할 수 있습니다. 위의 사례처럼 "이불에 오줌을 싼 건 너 자신이고, 그 책임은 너 자신에게 있다"라고 아이를 자각시킬 수 있습니다. 그리고 "그 일에 대해 어떻게 책임을 질 거야?"라고 질문을 던져서 스스로 해결책을 찾도록 이끄는 것입니다. 그 질문에 대해 아이가 "알겠습니다. 해결책은 ○○입니다. (책임을 지고) 해보겠습니다"라고 말한 시점에서 문제는 해결된 것이나 다름없습니다.

단, "어떻게 하고 싶어?"라는 질문을 했는데 아이가 "이불에다 오줌을 싸는 게 뭐 어때서요? 난 안 고칠 거예요"라고 답하면 이 대화는 성립하지 않습니다. 어디까지나 아이가 '하고 싶은가, 아닌가'가 중요하니까요. '하고 싶지 않다'고 말하면 그 또한 아이 자신의 선택이니 그대로 놔둡니다. 어린 아이라도 스스로 자신이 하고 싶은 것을 선택하면, 의식이 그 쪽으로 모아지며 열심히 하려는 마음이 생기게 됩니다.

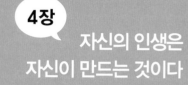

4장

자신의 인생은
자신이 만드는 것이다

인간은 자유롭다.
따라서 늘 자기 자신의 선택에 따라 행동해야 한다.

−장 폴 사르트르

해가 뉘엿뉘엿 지는 어느 여름날. 사회생활 5년 차인 이십대 후반의 여성 가지타 마사미 씨가 찾아왔다. 여태까지 외국계 증권회사에서 일해왔는데 최근 들어 회사에 다니기가 힘들어지고 부모님은 결혼하라고 성화하는 통에 인생의 방황기에 들어섰다.

자기 자신에게 성실히 살고 있는가?

마사미   내일은 죽어도 회사에 가고 싶지 않아요. 이제 회사
        는 관두고 싶습니다.

사르트르 진심인가요? 그만두고 싶다는 것이 진심인지 아닌

지, 자신의 내면을 잘 관찰해보세요.

마사미   음, 그만두고 싶은 건 아닐지도 몰라요. 다만 '미안

하다'는 마음이 좀 있습니다.

사르트르   누구에게 미안한데요?

마사미   회사 동료에게요.

사르트르   회사 동료 누구에게?

마사미   모두요.

사르트르   왜죠? 무슨 일이 있었는데요? 있었던 일만, 그러니

까 사실만 말해주세요.

마사미   매일 회사에 출근해서 별다른 일을 하는 것도 아닌

데 월급을 받습니다. 저는 매월 30만 엔이나 받고

있어요. 별로 일하지도 않았는데 월급을 받고 있으

니 착실히 제 몫을 다하며 일하는 동료들에게 '미안

한' 생각이 듭니다.

사르트르   그 회사에서 일하는 이유는 뭔가요?

마사미   그야, 돈을 벌기 위해서죠. 돈을 벌지 않으면 먹고

살 수가 없으니까요.

사르트르   먹고살 수 없다?

마사미   좀 과장되게 말한 거예요. 저축한 돈이 있으니까 한 동안은 괜찮을 것 같아요.

사르트르   지금 저축한 돈으로 얼마나 살 수 있죠?

마사미   한 반년 정도?

사르트르   그러니까 반년은 일하지 않아도 괜찮다는 말이군 요. 그런데 회사에서 별다른 일을 하지 않는다는 건 '사실'인가요?

마사미   회사에 있으면 늘 졸음이 쏟아져서 점심시간에는 정신없이 잠에 빠져들어요. 점심시간이 끝난 것도 알아채지 못해서 상사가 깨워준 적도 있고요. 상사 는 그런 저에게 일을 맡길 수 없다고 생각하고 있을 거예요. 그래서인지 저에게 일다운 일은 오지 않고, 실제로 해본 적도 없어요. 그러다 보니 의욕도 나지 않고요.

사르트르   의욕이 나지 않아요?

마사미   네. 솔직히 말하자면, 저는 지금 회사에서 하는 일 에 전혀 관심이 없어요.

사르트르   그럼 어디에 관심이 있죠?

마사미　음…… 사실 특별히 뭔가에 관심이 있다고도 할 수 없네요. 아, 굳이 말하자면 삶에 대해 관심이 있습니다. 저는 인생에 대해 더 공부하고 싶어요. 언젠가, 사르트르 선생님처럼 인생의 중요한 것을 사람들에세 가르치는 일을 하면 좋겠다고 막연히 생각하고 있습니다.

사르트르　그렇다면, 마사미 씨가 하고 싶은 일은 '인생을 가르치는 것'인데, 그것을 위한 귀중한 시간을 지금 전혀 관심이 없는 일에 쓰고 있다는 말인가요?

마사미　네, 그런 셈이네요. 그런 식으로 생각한 적은 한 번도 없지만…… 그냥 그때그때 상황을 모면하면서 적당히 회사에 다니고 있는 건지도 모르겠다는 생각이 드네요.

사르트르　스스로에게 성실하지 않군요. 생각과 행동 사이에 차이가 있어요. 그 틈을 메우려면 어떻게 행동해야 한다고 생각해요?

마사미　회사를 그만둬야 할까요?

내 선택의 결과는 타인의 탓이 아니다

마사미　슬슬 결혼을 해야겠다는 생각도 들어요. 아직 좋은 사람은 없지만요.

사르트르　정말로 결혼을 하지 않으면 안 된다고 생각하나요?

마사미　제 나이쯤 되면 아무래도 다들 결혼을 의식하게 되고, 부모님도 슬슬 "결혼해라"라고 말하니까요.

사르트르　마사미 씨는 자기 자신의 인생을 좀 더 깊이 생각해 봐야 할 것 같습니다. 당신 자신은 어떻게 하고 싶은데요?

마사미　결혼은 하고 싶어요. 주변사람들이 다 가고 홀로 남고 싶지 않거든요. 하지만 일도 소홀히 하고 싶지는 않아요. 그래서 전직이라도 해서 일의 방향성이 정해지면 결혼을 고려해도 좋지 않을까 생각하고 있습니다. 다만, 부모님의 의향도 무시해서는 안 되니까…….

사르트르　자신의 생각을 우선하는 것이 아니라 부모의 가치관을 우선하려는 건가요?

마사미　…….

사르트르　당신은 결혼해도 되고 결혼하지 않아도 됩니다. 그 건 자유죠. 단, 당신이 선택해야 합니다. 그리고 어 떻게 선택하느냐가 아주 중요해요. 자신을 속이는 것을 '자기기만'이라고 합니다. 당신이 스스로에게 성실하고, 그런 태도로 뭔가를 선택하는 것이 아니 라 자기기만 속에서 선택하면 타자에게 책임을 미 루게 됩니다. 스스로 생각하려 들지 않고 타인의 가 치관에 맞춰 뭔가를 결정하고 거기에 따르려고 하 는 거죠. 그 결과 당신의 인생을 책임지는 것은 누 구일까요?

마사미　저 자신입니다.

사르트르　당신이 자유롭게 선택한 이상, 스스로 모든 책임을 져야 합니다. '부모님이 정했으니까' '주변에서 그 렇게 했으니까'라는 이유로 정하는 것은 주변에 책 임을 미루는 행위나 다름없습니다. "나는 솔직히 그때 결혼하고 싶지 않았어. 그런데 부모님이 하라 고 해서 결혼했다가 결국 결혼에 실패했지. 역시 그러는 게 아니었는데. 내 인생이 실패한 건 전적으로 부모님 탓이야"라며 화살을 부모님에게 돌리게 될 지도 모릅니다. 중요한 것은 '당신이 어떻게 하고 싶은가?'인데도 말이에요.

마사미 　그러면 어떻게 하면 좋을까요? 사르트르 선생님은 어느 쪽이 낫다고 생각하세요?

사르트르 　내 생각은 중요하지 않아요. 당신의 문제니까 당신이 결정해야 합니다. 자, 당신은 어떻게 하고 싶죠?

마사미 　어떻게 하고 싶냐고요? …… 지금까지 그런 생각은 해본 적도 없어요. 뭐부터 생각하면 좋을까요?

행복해지고 싶다고 생각하는 한 행복할 수 없다

사르트르 　그러면 존재에 대해서부터 생각해봅시다. 당신은 결국, 어떻게 되고 싶나요? 당신은 어떤 사람이고 싶습니까?

마사미 　저요? 행복해지고 싶습니다.

사르트르 행복해지고 싶다? 그런 상태에서는 뭘 해도 행복해

질 수 없어요.

마사미 네? 왜죠?

사르트르 당신처럼 많은 사람들이 "나는 행복해지고 싶다"

고 말합니다. 하지만 "행복해지고 싶다"고 말하는

사람은 존재로서 행복할까요?

마사미 존재로서 행복하다……? 무슨 말인지 모르겠어요.

사르트르 '행복해지고 싶다'는 말은 실재론의 관점에서 보자

면 '지금은 행복하지 않다'는 뜻이 됩니다. 행복하

지 않으니까 행복해지고 싶다고 생각하는 거죠. 요

컨대, 지금 '행복해지고 싶은 나'라는 존재로 있는

한, 아무리 돈이 많고 아무리 사회적 지위가 높다

해도, 아무리 성공했다 해도 행복하지 않겠죠.

물질은 인간을 행복하게 해주지 않는다

사르트르 무릇 물질은 인간을 진정으로 행복하게 해주지 않습

니다. 집도, 돈도, 명예도 행복을 가져다주지 않죠.

마사미   그래도 좋아하는 명품 가방을 사면 신이 나고 행복한 기분이 들기도 하잖아요.

사르트르   그게 정말일까요? 가방을 사면 '신이 나고 행복한 기분'이 계속 지속될까요?

마사미   '지속'되느냐고 하면…… 일시적이기는 하죠. 금세 새 가방이 갖고 싶어지니까요. 그래도 어쨌거나 돈에 여유가 있으면 지금보다는 더 행복해지지 않을까요?

사르트르   당신은 얼마가 있으면 행복해질 수 있을까요?

마사미   많으면 많을수록 좋겠죠.

사르트르   새로운 가방을 샀을 때는 즐겁고 기쁠지도 모르지만 그 기분은 일시적입니다. 목돈이 들어오면 행복할지도 모르지만 시간이 조금 지나면 그보다 더 많이 갖고 싶어지죠. 늘 '돈이 더 갖고 싶고' '새 가방이 갖고 싶어져서' 언제까지나 만족하지 못합니다. 즉, 행복이 영원히 지속되지 않아요.

마사미   그런데 "헝그리 정신이 중요하다"라는 말도 많이

들 하잖아요.

사르트르 '헝그리 정신'도 때로는 필요하겠죠. 하지만 헝그리 정신을 가진 사람은 언제까지나 배가 고픈 상태입니다. 그래서 '좀 더 좀 더'라며 한없이 갈구하게 되죠. 위만 보고 살아온 결과 부자가 된 사람은 얼핏 보기에는 성공한 사람처럼 보일지 모르지만 마음 속이 채워졌는지는 알 수가 없어요.

마사미 그럴지도 모르죠.

사르트르 "나는 행복해"라고 말하는 사람은 흰 밥과 매실장아찌만 먹어도 행복해하지만, "나는 불행해"라고 말하는 사람은 레스토랑에서 밤마다 진수성찬을 먹어도 불행합니다. 다시 말해 내가 '행복한 나'로서 존재하면 어떤 상황에서도 행복하게 살 수 있어요. 늘 조촐한 밥상에 밥을 먹고 낡은 바지를 기워 입어도 말이죠. 다시 말해 '나는 행복하다'라고 생각하면 거기서부터 자신이 해야 할 일이 보이게 됩니다.

'Do'와 'Have'보다 'Be'를 먼저 생각하라

마사미 '나는 행복하다'고 먼저 정한다?

사르트르 네. 그에 대해 말하기 전에 인간이 존재한다는 것에
대해 기본부터 설명하죠. 인간이 존재한다는 건 3가
지 동사로 구별하여 설명할 수 있습니다.

마사미 3가지 동사라고요?

사르트르 그렇습니다. '비(Be)' '두(Do)' '해브(Have)'입니다.
Be는 '존재' '존재방식(있는 상태)' '있다'는 것을 말
합니다. Do는 '행동' '의지력' '한다'는 것을 말하
고요. Have는 '성과' '상황' '환경' '갖는다' '만든
다'는 뜻이죠. 인생은 늘 'Be' 'Do' 'Have'의 순서로
경과합니다.

마사미 그러니까 "내가, 뜀박질을 해서, 살이 빠졌다"라는
식으로?

사르트르 네. 어떤 의미에서는 맞습니다. 어떤 일도 늘 '나'부
터 시작하니까요. 그래서 '어떤 나'인가가 굉장히
중요합니다. Do나 Have보다 '어떤 나'인가, 즉 Be

를 먼저 생각하면 인생에서 바라는 결과를 빨리 얻

을 수 있습니다. 가령 '노력파인 나'가 Be라고 하면

Do나 Have는 어떻게 될까요?

마사미   '노력파인 나'…… '뜀박질을 해서 살이 빠졌다!' 왠

지 살이 더 빨리 빠질 것 같아요.

사르트르   그렇습니다. 그래서 먼저 '나'를 생각합니다. 거듭 말

하지만 행동의 'Do'나 결과의 'Have'보다 자신이 무

엇인가를 나타내는 'Be' 부분이 아주 중요해요.

마사미   그렇군요. 왠지 알 것 같습니다.

'나는 누구인가'는 스스로 만들 수 있다

사르트르   그리고 'Be'와 이어지는 부분은 스스로 만들 수 있

습니다. 즉, "아이 엠 □(I am □, 나는 ~하다)"의 □ 부

분은 스스로 만들 수 있죠. 가령 "아이 엠 해피(I am

happy, 나는 행복하다)"라고요. 중요한 부분이니 한 번

더 말할게요. 강조컨대, "나는 누구인가?"는 스스

로 만들 수 있습니다.

마사미 스스로 만들 수 있다?

사르트르 그렇습니다. 조금 어려운 이야기가 될 텐데, 인간은 '무엇인가?(본질)'가 밝혀지기 전에 이미 존재합니다(실존). 즉 인간이란 존재는 이미 존재한다는 사실이 선행되고 나서 뒤이어 자신의 결단에 따라 본질을 만들어가지 않으면 안 돼요.

마사미 본질을 만들어간다? 좀 어려운데요.

사르트르 젓가락의 본질이 뭔지 알아요? 다시 말해서 젓가락이 '무엇인가'를 설명해보세요.

마사미 음식물을 집어먹는 2개의 막대기?

사르트르 그렇죠. 먹을 걸 집어먹는(본질) 도구가 필요하다는 욕구가 먼저 있고 나서 젓가락이 만들어진(실존) 겁니다. 즉, 본질이 실존에 앞서죠. 그런데 인간은 인간으로서 먼저 태어나(실존하여) 그 후에 누가 되는가(본질)가 결정돼요. 그리고 이 본질 부분은 스스로 만들어가는 것이고요.

마사미 왠지 알 것 같아요. 그런데 어떻게 만들면 될까요?

사르트르 스스로 씨를 뿌린다고 생각해보세요.

마사미 씨요?

사르트르 네, 과일 등의 씨. 여기에 사과 씨가 있다고 합시다. 이 씨를 심어서 나무가 자라게 되면 어떤 과일이 열릴까요? 복숭아, 아니면 딸기?

마사미 사과 씨에서는 사과가 열리겠죠.

사르트르 그렇습니다. 사과 씨가 자라면 사과를 수확할 수 있어요. 이렇게 당신도 미래에 되고 싶은 자신의 씨를 지금부터 심어야 해요.

마사미 어렵습니다. 무슨 말인지 잘 모르겠어요.

사르트르 가령 일본의 전국시대에는 장군이 있었죠. 나오에 카네츠구(直江兼続, 센고쿠 시대와 에도 시대 초기에 활동한 무장)는 투구 앞에 달린 초승달 모양의 쇳조각에 '애(愛, 사랑 애)'라는 글자를 썼고, 우에스기 겐신(上杉謙信, 일본 전국시대의 무장)은 전쟁에 들고 가는 깃발에 '비(毘, 도울 비)'라는 글자를 썼습니다. 이렇게 장군들은 전쟁에 나서기 전에 반드시 '자신은 누구인가'를 드러내주는 글자를 만들었죠. 당신도 마찬가지로, 말로 자기 자신을 만드는 겁니다. 어떤 말이라도 상관없어요. 그렇게 해서 자신이 누구인지를 정하는 겁니다.

마사미 무슨 말인지 조금씩 알 것 같습니다. 하지만 저는 되고 싶은 사람이 될 자신이 없어요. 애초에 '되고 싶은 나'도 없고…….

사르트르 지어내도 괜찮아요.

마사미 지어낸다고요?

사르트르 네. 어떤 자신이 되고 싶은지 마음 가는대로 자유롭게 지어내도 괜찮습니다. '만든다'는 건 다시 말해 '창작'입니다. 가설로도 충분하죠. '이러이러하다'라고 자신을 지어내도 된답니다. 만일 초등학생 정도 되는 여자아이라면 '공주님 같은 나(Be)'를 지어낼지도 몰라요. 그렇다면 나는 그 아이에게 이렇게 묻겠죠. "내가 공주님이라면 나는 어떤 행동을 할까?" 그러면 그 아이는 이렇게 대답할 거예요. "예쁜 옷을 입어, 말을 거칠게 하지 않지, 모두한테 상냥하게 대하고……." 그러니까 말을 행동(Do)으로 옮길 수 있으면 실제로 자신이 해야 할 일이 뭔지 보이게 됩니다. 머지않아 그 아이는 '스스로에게 자신감을 갖는다' '귀엽고 명랑하다' '주위 사람들이 신뢰한다'라는 성과(Have)를 얻을 수 있을 것이고요.

자신을 앞으로 던져라

사르트르   무릇 인간은 자신의 본질을 스스로 만들어갈 의무가 있습니다.

마사미   의무가 있다고요? 그 의무를 누가 지웠는데요?

사르트르   과거의 철학자들이라고 하면 될까요? 철학은 세계의 본질에 다가가려는 학문입니다. 세계란 무엇인가? 인간의 행복이란 무엇인가? 삶이란 무엇인가? 인간의 의무란 무엇인가? 이러한 것들이 철학이 탐구하는 주제죠. 즉, 정답이 없는 질문을 계속하는 것이 철학이에요. 따라서 나는 누구인가? 무엇을 위해 살아왔는가? 그 질문의 대답을 끊임없이 찾을 의무가 인간에게는 있다고 말해도 좋을 거예요.

마사미　철학자란 대단한 사람들이군요.

사르트르　그런 철학자들에 따르면 인간은 자신을 만들어갈 의무가 있습니다. 만들어간다는 건 '투기(投企)한다'는 뜻이죠.

마사미　투기요? 또 새로운 말이 나왔군요. 그게 무슨 뜻인가요?

사르트르　'투기(投企)'는 글자 그대로 '계획을 앞으로 던진다'는 말입니다. '프로젝션(Projection)'이라고도 해요. '자신을 앞으로 던진다' '자신을 창작한다' '말을 앞에 둔다'라는 의미죠.

마사미　어떤 순간에 투기를 하나요?

사르트르　매 순간 투기를 합니다. 가령 나는 매일 아침 투기를 합니다. '어떤 나로 사는 게 좋은가?' 매일 아침 생각나는 말로 나 자신을 만드는 겁니다. 조금 더 구체적으로 말하면, 내가 그날 하루를 어떻게 보낼지 설정하는 거죠.

가령 아주 힘든 하루가 될 것 같으면 '나는 용기 있

는 사람'이라고 투기합니다. 그러면 그날 일어나는 모든 일에 대해 나는 용기 있는 사람으로 대처할 수 있습니다. 출근 시간에 전철이 지연되어도 초조해하는 대신에 '오늘의 첫 시련이야. 어떻게든 극복하자'라고 마음을 다질 수 있습니다. 중요한 회의에서 내 의견에 반대하는 사람이 많아도 기가 죽는 대신에 '용기를 내서 맞서자'라고 힘을 낼 수 있습니다. 이렇게 자신을 투기하면 그날 일어난 일에 일희일비하지 않게 되죠.

마사미　그렇군요. 왠지 하루하루가 즐거워질 것 같아요. 선생님, 투기에 관해 좀 더 말해주세요.

사르트르　어떤 날은 '별처럼 희망으로 빛나는 나'로 투기했죠. 그러면 힘든 일이 있어도 뭔가 희망을 발견하고 울적해하지 않게 됐습니다. 또 어떤 날은 '사랑스러운 나'를 투기했습니다. 그랬더니 모든 일에 애정을 갖고 대처할 수 있었어요.

어떤 사람으로 살 것인가?

마사미 　듣고 보니 자신을 만들어가는 것이 얼마나 중요한
지 잘 알 것 같아요.

사르트르 　좀 더 자세히 말하자면 자신을 '커미트먼트(Commitment)'
하는 것이 중요합니다.

마사미 　또 어려운 말이 나왔군요. 커미트먼트요?

사르트르 　네. 아주 중요한 말이니 잠시 설명하고 넘어갈게요.
'커미트먼트'에는 기독교에서 말하는 '성스러운 땅
으로 인도하는' 신과의 '계약, 약속'이라는 의미가
있습니다. 영국인과 미국인이 '~에 커미트'했다고
말하면 그건 계약서처럼 종이에 쓴 것보다 무거운
약속으로 받아들이게 되죠. 따라서 권력을 가진 상
위자는 자기보다 지위가 낮은 사람에게 "자네, 커
미트했는가"라고 묻고 싶어 합니다. 하지만 내가
보기에 그것은 완전히 잘못 쓰는 겁니다.
'커미트먼트'란 본래 다른 사람에게 뭔가를 시킬
때 쓰는 말이 아니라 자기 자신의 비전에 대해 쓰

는 말입니다. 다시 말해 '커미트먼트'란 '뭔가를 하는 것' 즉, 'Do'에 쓰는 게 아닙니다. 더 심오한 것, 우리 존재 자체, 즉 'Be'에 '커미트먼트'한다는 말이죠. 자신을 커미트먼트한다는 말은 요컨대, 자신의 '존재방식'과 진지하게 마주한다는 뜻입니다.

마사미 무슨 말인지 조금은 알 것 같아요. 그런데 '커미트먼트'를 그냥 '약속'이라고 하기엔 뭔가 부족한 것 같은데, 좀 더 쉽게 이해할 수 있는 의미가 담긴 한 단어로 표현하면 어떻게 될까요?

사르트르 뉘앙스로 봤을 때 '헌신' 혹은 '책무'라고 말할 수 있을 것 같네요. 반드시 지키겠다는 스스로와의 약속. 그건 자기 자신만이 알 수 있는 성실함과도 밀접하게 관계가 있습니다.

요컨대, 중요한 것은 'Be'를 확실하게 만드는 것입니다. 그러면 실수도 줄어들 수 있죠. 마사미 씨는 최근에 혹시 실수한 게 있습니까?

마사미 실수는 늘 하는걸요. 요전에도 회사에서 고객에게 차를 내갈 때, 테이블 위에 놓다가 잔을 엎었어요.

사르트르　어떻게 하면 그런 실수를 하지 않게 될까요?

마사미　제 경우에는 상사가 보고 있으면 실수를 많이 해요. 상사에게 원인이 있을까요?

사르트르　원인은 '외부에' 없습니다.

마사미　'외부'에 없다고요?

사르트르　실수하는 원인은 당신 내부에 있습니다. 당신 자신이 누구인지, 누구로서 살고 있는지에 원인이 있다는 뜻입니다. 결코 상사 탓이 아니라요.

마사미　외부에서 실패의 원인을 찾는 것이 아니라 '먼저 자신이 누구인지 찾으라'는 말인가요?

사르트르　네. 자, 상상해보세요. 지금 당신이 손님에게 차를 내가려고 합니다. 그때의 당신은 어떤 나인가요?

마사미　'또 실수할지도 모르는 나'이거나 '상사에게 혼날지도 모르는 나'입니다.

사르트르　그렇게 생각하니까 실수하는 거예요. 지어내도 좋으니까 '나는 일을 빈틈없이 해내는 가치 있는 인간이다'라고 자신을 만들고(Be), 그런 나를 따라 행동하면(Do) 반드시 실수는 줄어들 겁니다(Have).

목적과 목표를 앞으로 던지며 살기

마사미　Be를 만드는 게 중요하다는 건 잘 알았어요.

사르트르　그걸로도 큰 발전이죠. 거듭 말하지만 '나는 누구인
　　　　가?'인 'Be'를 만들었다면 이번에는 '무엇을 해서
　　　　(Do)' '어떤 성과를 만들고 싶은가(Have)'를 생각합
　　　　니다. 요컨대 어떤 성과를 내고 싶은지를 생각하는
　　　　거죠. 이어서 목적을 만드는 것이 중요해요. 인간은
　　　　목적을 앞으로 던지며 그걸 좇고 극복하면서 살아
　　　　가니까요.

마사미　목적이요?

사르트르　그렇습니다. 단, 여기에서 착각하는 사람이 꽤 있습
　　　　니다. 목적과 목표를 섞어서 생각하기 쉽거든요.

마사미　목적과 목표는 다른가요? 차이를 구체적으로 설명
　　　　해주세요.

사르트르　가령 "건강해지고 싶으니까 나는 내일부터 3주일,
　　　　매일아침 1시간씩 강가를 달리겠습니다"라고 말한
　　　　경우, 목적은 '건강해지고 싶어서' 즉, '왜(Why)'에

해당됩니다. 한편 목표는 '나는 내일부터 3주간 매일 1시간씩 강가를 달린다'는 부분입니다. 이것은 현실이자 사실이고 '언제(When)', '어디에서(Where)', '누가(Who)', '무엇을(What)'이라는 4W의 성격을 갖고 있습니다. 그중에서도 '언제'는 아주 중요해요. 기한을 정함으로써 목적을 위해 자신을 더 힘차게 몰아붙일 수 있으니까요.

사이코사이버네틱스(Psycho-Cybernetics)라는 이론이 있습니다. 미국의 심리학자 맥스웰 몰츠(Maxwell Maltz)가 제창했죠. 이 이론에 따르면 인간은 일단 목표를 정하면 그 목표를 달성하기 위해 필요한 수단을 자동으로 환기하고 수집하고 끌어당기는 메커니즘을 갖고 태어났다고 합니다.

마사미 하지만 저마다 목표가 다르잖아요. 그 메커니즘은 어떤 목표에도 해당이 되나요?

사르트르 좋은 질문입니다. '연필을 줍는다'라는 작은 목표에서 '90일 동안 매출을 배로 올린다'는 큰 목표까지 어떤 목표에나 해당됩니다. 그래서 어떤 목표든 명확히 밝히는 것이 중요하죠.

단, 이 메커니즘은 성공과 실패 어느 쪽에도 작용됩니다. 가령, '운동회에서 넘어지지 않게 조심하자'라거나 '일이 잘못되지 않게 노력하자'라는 목표를 설정하면, 운동회에서 넘어지거나 일이 잘못되는 '실패'를 향해 작동하게 됩니다. 그런 의미에서 '~하지 않게'라는 목표는 적절하지 않은 목표라고 할 수 있지요. 메커니즘이 실패를 향해 작동하지 않도록 하기 위해서라도 성공한다는 목적을 명확히 하고 자기 이미지를 시각화하여 목표(Goal)를 빈틈없이 설정하는 것이 중요합니다.

마사미　목표를 실현하는 좋은 방법을 알려주세요.

사르트르　목표를 실현하기 위해서는 다음 4가지 조건이 필요합니다.

① 목적의 명확화(1W = 왜, 무엇을 위해)

② 목표 설정(4W = 언제, 어디에서, 누가, 무엇을)

③ 행동(목적을 향해 차근차근 실행해나간다)

④ 성실하고 정직하고 거짓이 없는 목적과 목표를

설정하고 신뢰할 것.

이 4가지 조건을 착실히 밟아나가는 것이 중요합니다.

마사미 목적과 목표를 명확히 하는 것은 왜 중요하죠?

사르트르 '인간은 본래 성공하도록 만들어졌다'고 할 수 있어요. 인간은 다른 동물들과 달리 단순히 살아 있기만 해서는 만족하지 못합니다. 정신적인 가치를 추구하고 새로운 문명과 문화를 창조하려고 애쓰는 등 더 수준 높은 성공을 좇는 경향이 있고 그걸 실현하는 힘을 선천적으로 타고났죠. 즉, 모든 인간은 성공에 대한 메커니즘을 갖고 태어났다고 할 수 있어요.

마사미 선천적으로 성공에 대한 메커니즘을 갖고 태어났다고요?

사르트르 네. 그리고 저마다의 상상력(Imagination)에 따라 목적과 목표를 달성하는 자신의 모습(Be)을 자유롭게 설정할 수 있죠.

마사미 Be의 모습을 상상하는 것에 어떤 의미가 있나요?

사르트르 뇌는 실제 경험과 상상 속의 경험을 잘 구별하지 못해요. 그래서 상상 속에서 착실히 경험을 쌓으면 실제 경험이 상상 속의 경험과 엇비슷해지죠. 상상 속의 경험이 구체적이고 선명할수록 더 그래요. 그래서 상상 속의 경험, 즉 이미지를 보다 선명하게 만들기 위해 머릿속에서 시각화 연습을 착실히 하면 더 순조롭게 새로운 셀프이미지를 구축할 수가 있어요.

마사미　뇌를 속인다는 말인가요?

사르트르　표현은 좀 그렇지만 그런 셈이죠. 이런 뇌의 기능을 활용해서 Be, 즉 어떤 자신이 되고 싶은지 구체적으로 머릿속에 그리고, 그전과는 다른 새로운 자신을 만들어서 그런 나로서 사는 겁니다.

마사미　그게 가능한가요?

사르트르　하려고만 하면 할 수 있어요.

마사미　만일에 Be가 '기적을 일으키는 나'라고 한다면, 내가 기적을 일으키는 모습을 최대한 구체적으로 상상하면 될까요?

사르트르　네. 가령 야구라면, 만루에서 타자석에 섰을 때 만루 홈런을 치는 장면을 상상해봅니다. 그때 1루에는 A, 2루에는 B, 3루에는 C, 이렇게 선수를 배치하고 그날의 날씨는 물론 구장의 간판까지 상상합니다. 그러면 실제 시합에서 같은 장면과 조우했을 때, 그 상황이 경험으로 뇌에 남아서 당황하거나 긴장한 나머지 손을 떨지 않고 평상심을 유지한 채 타석에 설 수 있어요. 그리고 정말로 만루 홈런을 치는 기적을 만드는 것도 가능해지죠.

마사미 인간의 뇌는 참 대단하네요. 저도 어떤 내가 되고 싶은지, 먼저 Be를 지어내는 것부터 시작해보겠습니다.

그날 이후, 마사미 씨는 사르트르 선생의 조언에 따라 '모두를 지원하고 돕는 나' '사람들을 깍듯하게 대접하는 나'를 투기하기 시작했다. 그러자 고객 앞에서 찻잔을 엎거나 점심시간에 곯아떨어지는 습관이 사라졌다. 그리고 점점 상사의 신뢰를 얻어서 중요한 일을 맡게 되었다.

하지만 그녀에게는 '사르트르 선생님처럼 인생의 중요한 것을 다른 사람에게 가르치는 직업을 갖는다'는 목적과 목

표가 있었으므로 수년 후 아쉬움을 뒤로 하고 회사를 퇴직

했다. 지금은 사르트르 선생을 도우면서 목표를 이루기 위

해 공부에 매진하고 있다.

사르트르의 수업 포인트

★ 자기 자신이 어떻게 되고 싶은지를 정하라.

목적과 목표를 구분하고

목표는 최대한 구체적으로 머릿속에 그려라.

사르트르는 과거를 버리면서 살았다

장 폴 사르트르는 1945년에 모리스 메를로 퐁티(Maurice
Merleau-Ponty, 현상학을 연구한 프랑스의 철학자), 시몬 드 보부아르
(Simone de Beauvoir, 프랑스의 작가이자 철학자), 레몽 아롱(Raymond
Aron, 프랑스의 사회학자이자 문명 평론가)과 함께 잡지 「현대(Les
Temps Modernes)」를 창간했습니다.

창간 즈음에 사르트르는 "작가는 시대로부터 도망칠 수
없는 존재이며, 패션 등과 마찬가지로 머지않아 시대에 뒤
처지는 존재임을 자각해야 한다"고 말했습니다. 그리고 시
대에 뒤처지지 않으려는 작가의 자세를 비판했죠. 이렇게

사르트르는 비판을 두려워하거나 과거에 사로잡히지 않고 늘 지금을 사는 사람들, 즉 동세대를 사는 사람을 향해 끊임없이 글을 썼습니다.

　사르트르의 가장 큰 강점은 과거를 버릴 수 있다는 것이 었습니다. 그 무엇에도 얽매이지 않고 늘 눈앞에 닥친 일에 마주할 수 있었습니다. 만일에 누군가 "전에 했던 말과 다르지 않나?"라고 지적을 하면 그는 "인간은 늘 변하기 마련이야"라고 반론했습니다. 그래서 세상 사람들로부터 "사르트르는 자신의 생각을 충분히 해명하지 못하고 겉만 번드르르하게 말하려고 한다"라는 비판을 받기도 했습니다. 또한 함께 잡지를 제작했던 사람들도 "그를 믿을 수 없다"며 그의 곁을 하나둘씩 떠났습니다.

　하지만 『제2의 성』의 저자로 일본에서도 높은 인기를 구가한 작가 시몬 드 보부아르만은 사르트르를 떠나지 않았습니다. 사르트르가 그에게 쓴 편지의 첫 인사가 항상 (그의 안부를 묻는 것이 아니라) "새로운 이론을 생각해냈어!"와 같은

말이었어도 말이죠. '지금을 사는' 것을 중시한 사르트르다

운 일화라 할 수 있습니다.

5장

타인의 판단에서
자유로워져라

한 사람 한 사람이
절대적이고도 궁극의 자유를 갖고 있다.

−장 폴 사르트르

잘 다니고 있는 일류 대기업을 퇴직하고 한동안 여행을 다닌 후 창업을 해야겠다고 막연히 생각하고 있는 30대의 하토리 게이이치 씨. 하지만 막상 회사를 그만두자니 일말의 불안과 죄책감이 들어 선뜻 그만둘 수가 없다.

'보편적 사고'를 의심한다

하토리　10년 이상 샐러리맨 생활을 해왔지만 이제 더 이상은 회사생활은 하고 싶지 않습니다. 아니, 그전에 일 자체에서 벗어나서 생활하고 싶어요.

사르트르　그래요? 그럼 회사를 그만두면 어떨까요?

하토리 그렇지만 계속 일을 하지 않고 빈둥거리며 지내도 안 될 것 같기는 합니다.

사르트르 그건 당신의 생각인가요?

하토리 …….

사르트르 '일을 하지 않고 빈둥거리며 지내는 건 안 될 일'이라고 하는 건 누가 정한 건가요?

하토리 그건 일종의 상식이죠.

사르트르 상식이요? 그럼 그 상식은 누가 정한 건가요?

하토리 …….

사르트르 그건 그저 '인간은 일을 하기 마련이다' '인간은 일하는 존재다'라는 생각이 사회에 침투한 것에 불과하지요. '인간은 일을 하는 존재다'라는 것이 마치 인간의 본질인 양 생각된 것이라는 이야기예요. 아닌가요?

하토리 이 사회에 사는 이상 마땅히 그래야 한다는 사회의 보편적 사고에 따르는 편이 좋다고 생각하는데요…….

사르트르 그렇다면 당신의 인생은 사회의 '상식'에 의해 지시를 받아 만들어졌다는 말이군요.

하토리　…… 그런 셈이네요.

사르트르　하지만 실제는 어떠한 '보편적인 사고'나 '도덕적인 사고'도 당신에게 지시를 할 수는 없어요. '일을 하지 않고 빈둥거리며 지내서는 안 된다'라는 통념이 있다고 해도 그것의 의미를 선택하는 것은 당신 자신뿐입니다. '세간에서는 일을 하지 않고 빈둥거리며 지내서는 안 된다고들 하지만 나는 전혀 그렇게 생각하지 않아'라고 생각한다면, 그 즉시 '일을 하지 않는 것은 안 된다'는 공식은 성립하지 않게 됩니다.

하토리　의미를 선택한다고요?

사르트르　네. 다른 예를 들어볼까요? 회사에서 잘렸다고 해봅시다. 어떤 사람은 부정적인 의미를 부여해서 '내일부터 어떻게 살지?' 하고 절망의 구렁 속에 빠졌다고 느낄지도 모릅니다. 하지만 다른 사람은 긍정적인 의미를 부여하고 '거지같은 회사에서 잘리고 나니 속이 다 시원하네. 오랜만에 자유로운 시간이 생겼다'고 생각할지도 모르죠. 인간은 어느 순간이든 자유롭고 어느 순간이든 의미를 선택할 수 있습니다.

하토리 　아…… 그렇군요.

사르트르 　당신이 일을 하지 않는다면 '일을 하지 않는다'라는 사실이 있을 뿐입니다. 그것이 나쁜 것이란 인식은 다른 사람의 평가나 사회 통념상의 상식에 불과합니다. 그리고 온갖 상식이나 사회 통념은 의심할 필요가 있어요.

하토리 　'모든 걸 의심하라'라는 의미로도 들리는데요?

사르트르 　네, 제가 한 말조차 의심해보세요. '그게 사실일까?'라고요.

하토리 　그런 식으로 의심하면 저에게 이득이 있습니까?

사르트르 　타인의 생각과 상식에 좌우되지 않는 삶을 살 수 있습니다. 자신의 인생은 주변의 평가나 상식에 의해 만들어지는 게 아닙니다. 자기 자신이 만들어가는 것이죠.

윤리도 스스로 만든다

하토리 자신의 인생은 자신이 만든다?

사르트르 네. 자신에 관한 모든 것은 스스로 만들어야 합니다. 요전에 어떤 여성에게 이런 상담을 받은 적이 있습니다.

"아버지가 쓰러져서 간병을 해줄 사람이 필요하게 되었습니다. 제가 일을 그만두고 집에서 돌봐주지 않으면 시설에 들어가야 해요. 하지만 어머니와 사별한 아버지는 오랫동안 혼자 몸으로 저를 키워주셨어요. 아버지를 시설에 맡기자니 은혜를 저버리는 기분이 들어서 견딜 수가 없습니다. 그렇다고 당장 일을 그만둘 수도 없어요. 생활을 하려면 돈을 벌어야 하니까요. 저는 어쩌면 좋을까요?"

하토리 간병을 하고 싶지만 일을 그만둘 수 없다? 제 주변에도 그런 사람이 있습니다.

사르트르 게다가 그녀는 초등학교 선생님인데 "1학년생을 맡은 지 얼마 안 돼 지금 그만두면 아이들과 보호자에게 폐를 끼칠 것 같다"고 말하며 고민이 많았습니다.

하토리　선택하기가 정말로 쉽지 않겠군요.

사르트르　하지만 그만두든 그만두지 않든 어느 쪽을 선택해도 우위성은 없습니다. 지는 그녀에게 이렇게 말했어요. "당신은 어쨌거나 자유롭습니다. 어느 쪽이든 선택을 해서 당신 스스로의 인생을 만들어가세요"라고요.

하토리　그런데 저는 그 말이 왜 도움이 안 되는 말인 거 같죠? 갓 입학한 1학년생의 담임인데 갑자기 그만두는 것은 직업 윤리상으로도 문제가 있는 게 아닐까요?

사르트르　직업 윤리요? 어떤 윤리와 도덕도 인간에게 무엇을 하라고 명령할 수 없습니다. 자기 자신이 선택하고 만든 것이 윤리가 되고 도덕이 되니까요. 바꿔 말하면 선택과 결단을 통해 자기 자신을 창조해간다는 말입니다. 그렇기 때문에 스스로 깊이 생각하고 선택해야 하죠.

스스로 선택하라

사르트르 내 말이 무슨 뜻인지 잘 이해가 되지 않는 모양이니 '선택'에 대해 얘기해볼까요? 여기에 펜과 연필이 있습니다. 당신이 지금 뭔가를 쓰려고 한다면 무엇을 선택하겠습니까?

하토리 펜을 선택하겠습니다.

사르트르 그러면 펜을 잡아보세요.

하토리 잡았습니다.

사르트르 펜을 선택한 이유가 뭡니까?

하토리 펜 색깔이 연청색이라서요. 저는 연청색을 좋아합니다.

사르트르 그 외에 다른 이유는요?

하토리 음…… 모르겠습니다.

사르트르 좋아요. 그러면 어떻게 선택한 걸 알 수 있죠?

하토리 네? …… 그야 제 손으로 잡았으니까요.

사르트르 그렇다면 선택이란 '스스로 선택하고 자신의 손으로 잡은 것'이라고 말할 수 있겠군요? '선택'에는

'일정한 입장에서 불필요한 건 버리고, 필요한 것 혹은 맞는 것을 고려하고 취하는 행위'라는 의미가 담겨 있습니다. 그것을 근거로 생각해보면 선택이란 고려를 한 후에, 즉 이것저것을 따지고 생각한 후에 자유롭게 스스로 손에 넣은 것이라고 할 수 있겠죠.

하토리 아, 그럼 '연청색이 좋다'라거나 '쓰기에 편하다'라는 건 선택이 아니라 고려라는 말이군요. 납득이 갑니다.

사르트르 다르게 말하면 손에 쥔 것, 자신의 인생에 있는 것이나 일어난 일은 전부 자신이 선택한 것이라고도 할 수 있습니다. 그러면 당신은 여태까지 어떤 걸 선택해왔나요?

하토리 학교와 회사?

사르트르 그 외에는?

하토리 모르겠습니다…….

사르트르 당신은 지금까지 인생 전반을 선택하며 살아왔습니다. 부모님이나 형제 등의 가족, 학교, 자신의 성격까지 말이죠. 당신이 가진 것은 전부 당신이 선택한 결과입니다.

하토리 네? 부모님과 형제도 말인가요?

사르트르 네. 전부 스스로 선택했다고 생각하면 어떤 일이 가능해질까요?

하토리 ······.

사르트르 인생에서 모든 것을 스스로 선택한다고 본다면 자신의 인생을 통제하는 것이 가능해집니다. 오른쪽으로 가는 것도 왼쪽으로 가는 것도 앞으로 가는 것도 당신의 자유죠. 단, 선택한 이상은 스스로 책임을 져야 합니다.

샛길로 가려고 골목으로 차를 몰았다가 막다른 길에 들어섰다고 해봅시다. 그건 당신 책임입니다. 주변 차들을 따라 달린 결과로 인해 길을 잘못 들어섰다고 하면 어떨까요? 그 또한 주변 차들을 따라 달리기로 선택한 당신의 책임입니다. 이처럼 뭔가를 선택할 때는 늘 책임이 따른다는 각오를 하고 선택해야 합니다.

인간은 자유라는 벌을 받는다

사르트르 나 자신은 무신론자이지만 만약에 인간을 만든 것
이 신이라고 한다면 신이 말하는 대로 살 수밖에 없
겠죠.

과거 일본에는 장군이나 영주와 같은 독재자가 다
스리던 시대가 있었습니다. 그런 시대는 독재자가
하는 말에 따를 수밖에 없었습니다. 그럴 때의 인간
은 '물건'이나 다름없었죠. 의자는 처음에 앉는 것
으로, 다시 말해 의자로 만들어집니다. 그리고 '의
자로 살아라'라는 주문이라도 받은 양 의자로서 그
운명을 다합니다. 독재자가 통치하던 시절에 "밭을
가는 사람으로 살아라"라고 명령을 받은 사람은 그
말대로 살았습니다. 물론 밭을 가는 것이 나쁘다는
뜻은 아닙니다. 단지 그렇게 정해져서 한 인간, 개
인으로서 대접을 받지 못하는 시대가 있었던 것도
사실입니다.

그래도 현재처럼 독재자가 없고 인간의 행동을 구

속하는 신이 없다고 생각한다면 인간은 모든 것을 자유롭게 결정할 수 있습니다. 당신도 자유롭게 살면 됩니다.

하토리 　하지만 "자유야" "뭘 해도 상관없어"라는 말을 들으면 반대로 어떻게 움직여야 좋을지 모르게 될 것 같아요.

사르트르 　네, 그런 사람이 적지 않을 겁니다. 자유라기보다 '이렇게 하라'라고 듣는 편이 움직이기 쉬우니까요. 한번은 A라는 사람이 찾아와 제게 고민을 털어놓았습니다. A는 '회사생활이 힘들다'라고 생각하면서도 참고 매일 아침 전철에 몸을 싣고 출근했습니다. 그러던 어느 날 바라고 바라던 회사를 그만두게 되었죠. 그랬는데 막상 그만두니 "날마다 뭘 해야 할지 몰라 괴로웠습니다. 혼자 점심을 먹는 게 쓸쓸해서 일하던 회사 근처까지 가서 전 동료를 불러내 밥을 먹은 적도 있습니다"라고 하더군요. A는 조직의 구속에서 해방됨으로써 거꾸로 불안을 느끼게 된 거죠. 즉, 자유로워질수록 불안이 늘어난다는 점에서 인간은 자유라는 형벌을 받고 있다고도 할 수 있습니다.

하토리 A씨의 기분, 알 것 같아요.

사르트르 정해진 레일 위를 걷는 것은 어떤 의미에서 편합니다. 오해를 무릅쓰고 말하자면, 대기업에서 일하거나 공무원이라면 수입 면에서 불안을 느낄 일이 적고 장래도 보장되니 안심하게 됩니다. 특별한 실수 없이 성실히 일한다면 어떤 경로로 인생이 나아갈지 대개는 보여요. 답은 이미 준비되어 있다고 볼 수 있죠. 한편 회사 등의 조직에 속해 있지 않으면 자유롭기는 하지만 답이 없는, 포장되지 않은 험한 길을 걸어야 할 때도 있습니다.

하토리 그래서 겁이 납니다.

사르트르 이해합니다. 하지만 두려움은 자신의 생각에 따라, 그리고 노력에 따라 얼마든지 극복할 수 있어요. 무엇보다 답이 없는 험한 길을 가는 와중에 자신을 자유롭게 만들어갈 수 있어야 자기답게 살 수 있지 않을까요?

매일 매 순간 과거를 벗어던져라

하토리 자유롭게 자신을 만들어갈 수 있으면 정말로 이상
적이겠죠. 지금 계획으로는 막연하게나마 일을 그
만두면 해외로 여행을 다니다 돌아와서 창업을 하
려고 생각 중에 있어요. 하지만 그런 계획을 부모님
이나 동료에게 말하면 "얼마 전까지도 '안정된 회
사에서 평생 일하고 싶어'라고 말하더니 너 뭐야?"
라고 다들 말해요. 모든 선택에 책임이 따른다면 저
자신이 과거에 했던 말에 대해서도 책임을 져야 할
까요?

사르트르 생각이 달라졌다면 달라진 생각에 대해 책임을 지
면 됩니다. 살아가는 데 과거를 포함하는 것도 중요
합니다. 하지만 항상 과거만 보고 살 수는 없습니다.
차를 운전해서 앞으로 가면 전방에서만 경치가 보
입니다. 때때로 백미러로 후방을 확인하는 경우도
있지만 기본적으로는 스쳐지나갈 뿐입니다. 백미
러만 보면 위험해서 앞으로 가지 못하죠. 과거와 미

래도 그와 마찬가지입니다. 인생은 늘 미래를 향해 갑니다. 내일 혹은 다음 순간, 어떤 일이 있을지 알지 못해요. 그런 가운데에서 자신이 누구로서 사느냐는 자유입니다.

하토리 극단적으로 말하자면 어제까지는 럭비 선수였으나 "오늘부터는 축구선수로 삽니다"라고 선언해도 된다는 말씀입니까?

사르트르 물론입니다.

하토리 어제까지는 "평생 결혼 안 할 거야"라고 말해놓고 갑자기 결혼할 수도 있다?

사르트르 전혀 문제없어요. '여태까지 이랬으니 이래야만 해'라는 법은 없습니다. 과거와 전혀 다른 사람이 되어도 상관없어요. 인간은 타인에게 구속될 수 없고 자신의 과거에도 구속되어서는 안 됩니다. '무엇을 하고 싶건' '어떤 인간으로 살고 싶건' 자유입니다. 누구나 스스로 자신을 만들어낼 수 있습니다.

하토리 하지만 어제와 오늘 하는 말이 다르면 신용할 수 없는 사람이 되지 않을까요? 다들 의심하는 눈으로 쳐다보지 않을지…….

사르트르 그런 시선을 두려워해서는 아무것도 할 수 없습니다. '어제의 일은 어제, 오늘의 일은 오늘'이라고 생각하면 됩니다.

하토리 손바닥을 뒤집듯이 말을 바꾸는 사람으로 보이지 않을까요?

사르트르 그러면 좀 어떤가요? 어제의 나는 어제의 나이고 오늘의 나와는 다릅니다. 인간은 늘 매일, 매초 순간순간 과거의 자신을 벗어던지고 새로운 존재가 됩니다.

하토리 자신을 벗어던진다고요?

사르트르 그렇습니다. '탈자(脫自)'라고 하지요. 글자 그대로 '자신을 벗어던진다'는 말입니다. 어제는 어제, 오늘은 오늘이죠. 인간은 '지금을 사는 것'이 가장 중요합니다. 봐요, 세상도 늘 변하잖아요? 강물의 흐름을 보세요. 어제의 강물과 오늘의 강물은 같을까요? 마찬가지로 세상은 끊임없이 변합니다. 그러니나 자신도 좀 변해도 되지 않을까요?

하토리   그러고 보니 자연계도 세상도 끊임없이 변해왔네요.

사르트르   게다가 "지금 내 생각은 어제까지의 생각과 다르다. 그런 건 안 돼"라고 부정하는 것은 새로운 발상이 나오지 못하게 덮어버리는 행위입니다. 발상은 좀 더 자유롭게 해도 돼요.

만약에 자신이 어떻게 살고 싶은지 정하지 않았다면 "어제의 나와 오늘의 나는 달라요. 나는 아직 어떤 사람인지 아직 정하지 않았습니다"라고 주변 사람들에게 말하면 돼요. 어제와 다른 나, 어제와 다른 상대를 받아들일 수 있다면 자기 자신을 발전시킬 수 있을 겁니다. 물론 모든 건 스스로 책임진다는 전제로 하는 말이지만요.

아무 일도 일어나지 않을 거라고 생각하라

하토리   그렇군요. 하지만 저는 아무래도 타인에 대해 신경을 쓰는 타입인 모양입니다.

사르트르　누구나 타인을 신경 씁니다. 타인의 어떤 점이 신경이 쓰이나요? 최근에 일어난 일을 구체적으로 말해 보세요.

하토리　회사 동료들 사이에 라인 그룹(Line group, 우리나라의 경우 카카오톡을 많이 사용하는데 카카오톡 단톡방에 해당)이 있는데 동료인 와타나베 씨가 나만 빼놓고 메시지를 보냈습니다. 왠지 무시당하는 느낌이었어요.

사르트르　그건 사실인가요? 우연히 당신한테 보내는 걸 잊어버린 게 아닐까요?

하토리　아니요, 그렇지 않을걸요. 그래서 저도 사무실에서 그를 마주치면 눈을 쳐다보지 않습니다.

사르트르　와타나베 씨는 아무 생각이 없을지도 몰라요.

하토리　하지만 그 친구도 제 눈을 보지 않습니다. 뭔가 켕겨서 그러는 거라고 생각해요.

사르트르　당신이 피해서가 아니고요?

하토리　…….

사르트르　와타나베 씨는 당신에게 메시지 보내기를 깜빡한 것조차 잊어버렸을지도 몰라요. 당신이 "왜 나한테 메시지를 안 보냈어?"라고 물어보면 "아, 안 보냈어? 미안, 네 이름을 넣는 걸 잊어버렸나 봐. 바로 보내줄게"라며 순식간에 해결될지도 모르고요.

하토리　하지만 와나타베 씨한테 말을 꺼내기 힘들어요.

사르트르　이렇게 생각해보세요. '세상에는 정말로 아무 일도 일어나지 않는다. 사회에서 일어나는 일은 전부 자기 안에서만 일어난다.' 사건은 자기 안에서만 일어난다고요.

하토리　세상에는 정말로 아무 일도 일어나지 않는다?

사르트르　그래요. 당신 주변에서 일어나는 모든 일은, 그러니까 당신이 '일어났다'고 실감하는 일은 당신이 스스로 '있다'고 인식하지 않는 한 일어나지 않는다는 말이에요. '없는(無)' 셈이죠.

하토리　나 자신이 '있다'고 생각하지 않는 한, 없다(無)?

사르트르　네. 그렇게 생각할 수 있으면 당신의 망상이 뻗어나가는 일도 없겠죠.

하토리　망상이요?

사르트르　'와타나베 씨는 왜 나한테 못되게 구는 걸까? 내가 뭔가 잘못이라도 저질렀나? 아무리 그래도 그렇지. 이 방 안은 추워. 아니, 와타나베 씨가 나한테 못되게 구니까 내 마음이 추워서 몸까지 춥게 느껴지는 거야. 하지만 이렇게 와타나베 씨를 무시하는 나도 어지간히 못난 인간이다. 인간 실격이구나…….' 이런 식으로 망상이 사방팔방으로 뻗어나가면 수습하기가 힘듭니다. 와타나베 씨는 그렇다 치고 다른 사람까지 당신과 관계를 맺으려고 하지 않게 될 거예요. 그렇게 되지 않기 위해서라도 "세상에는 정말로 아무 일도 일어나지 않아, 없다(無)"라고 생각하고 자기 안에서 타협을 해야 합니다.

하토리 좋은 생각인 것 같네요. 하지만 제가 그 경지에 도달하려면 시간이 한참 걸릴 것 같아요.

사르트르 자기 안에 있는 와타나베 씨를 용서할 수 있습니까? 용서할 수 있으면 그 안에서 문제를 수습할 수 있어요.

하토리 지금 상태로는…… 잘 모르겠습니다.

사르트르 그러면 어떻게 할 건가요? 와타나베 씨에게 메시지

건에 대해 직접 물어보면 어때요?

하토리 ······ 알겠습니다. 마음을 정했어요. 와타나베 씨와 얘기해보겠습니다.

사르트르 그 결과 자기 안에서 타협할 수 있게 되면 좋겠군요. 결국, 자기 안에서 타협힐 수만 있다면 사람들 사이에 분쟁이 줄고 세상 전체가 평화로워질 거예요.

자신의 평가를 상대에게 맡기지 마라

하토리 또 한 가지 고민을 말씀드려도 될까요? 저는 다른 사람의 평가에도 굉장히 신경 쓰는 타입입니다. 라인 채팅방에서 우연히 제 험담이 쓰여 있는 것을 보고 굉장히 충격을 받았습니다. 그날 이후로 전보다 더 주변의 평가와 평판에 신경 쓰게 되었고요.

사르트르 타인의 시선이 느껴져서 견디기 힘든 모양이군요. 타인의 시선을 신경 쓴 나머지 가시방석에 앉은 것 같을 거고요. 남들이 당신을 보고 있다고 의식하는 순간, 그것은 '자신의 평가를 상대에게 맡긴 순간'이기도 합니다. 이때 당신은 타유화(他有化)됩니다. 존재 자체가 타인의 것이 된다는 뜻이죠. 그런데 왜 남이 당신을 보고 있다고 느끼는 걸까요? 그건 당신이 상대를 보고 있기 때문이에요.

하토리 그러면 라인을 보지 않으면 된다는 말인가요?

사르트르 네, 보지 않으면 됩니다. 이렇게 생각해보세요. 당신은 주변의 평가에 신경을 쓰느라 가슴앓이를 하죠. 그 가슴앓이의 원인, 다시 말해 주변의 평가나 평판은 언뜻 보기에 존재하는 것처럼 보입니다. 하지만 실제로는 존재하지 않아요(無). 만일 당신에 대한 근거 없는 비방이 쓰였다고 해도 그걸 '봤으니까 존재한다', 다른 사람에게 '들었으니까 존재한다'는 것이지 '보고 듣지 않으면 존재하지 않는(無)' 거예요. 당신 자신이 보지 않고 듣지 않는데, 당신에 대한 근거 없는 비방이 존재한다고 어떻게 말할 수 있을까요?

내 판단에 따라 살기 위한 인생의 토대

사르트르 당신은 자신의 판단에 따라 사는 법을 더 배워야 합니다. 인간은 누구나 자신의 판단에 근거하여 살지 않으면 안 됩니다. 그것이 진정으로 자기답게 사는 길이에요.

하토리 자신의 판단에 근거해서 자기답게 살려면 어떻게 해야 할까요?

사르트르 늘 '인테그리티(Integrity)'를 의식해야겠죠. 그렇게 하면 자기답게 사는 토대를 만들 수 있습니다.

하토리 '인테그리티'가 뭔가요?

사르트르 거기에 영어사전이 있죠? 한번 찾아보세요.

하토리 '진실성'이라고 쓰여 있습니다.

사르트르 그렇습니다. '있어야 할 곳에 있어야 할 것이 있는 상태', 좀 더 보태서 말하면 '온전한 상태, 온전함'이라는 의미도 담고 있습니다.

하토리 좀 어렵습니다. 쉽게 이해할 수 있게 의미를 하나로 좁혀서 설명해주세요.

사르트르 그러면 여기서는 '진실성'으로 이해해보세요. 기본적으로는 자신에 대해 정직하고 성실해져야 한다는 것이죠. 그렇게 함으로써 타인이 하는 말이나 행동에 일일이 마음이 흔들리지 않고 땅에 단단히 뿌리내린 착실한 인생을 살 수 있습니다.

하토리 네, 그렇군요.

사르트르 그런데 인테그리티의 기준은 사람마다 차이가 있습니다.

하토리 아, 그건 알 것 같은 기분이 들어요. 가령 저는 조깅이 취미인데 매일 2킬로미터를 달리면 '오늘도 성실하게 달렸다'고 생각합니다. 하지만 다른 사람의 경우 매일 5킬로미터를 달려야 '성실하게 달렸다고 느낀다'는 말이군요?

사르트르 그렇습니다. 또 '무엇'에 대해 인테그리티라고 하는지도 사람에 따라 다릅니다. 어떤 사람에게는 '사고와 말과 행동이 일치하는 것'인지도 모르고, 다른 사람에게는 '거리에서 노인과 몸이 부자유스러운 사람을 만났을 때, 바로 도움의 손길을 내밀어주는 것'인지도 모르죠. 그 사람의 인테그리티는 그 사람 본인이 제일 잘 알아요.

하토리　그럼 인테그리티의 기준에 대해서 말인데, 뭐 기준 점이 될 만한 게 있을까요?

사르트르　단계가 있습니다.

① 약속을 지킨다.

② 법칙, 규칙, 기준에 충실하다.

③ 자아에 충성하고 절개를 지킨다.

늘 자신의 내면을 들여다보지 않으면 이 3가지를 구별하기는커녕 있는지조차 알지 못합니다. 이상 적으로는 모든 단계를 늘 인식하고 행동해야 하지 만 특히 3단계가 중요합니다.

하토리　3단계까지 가려면 되도록 정직하고 성실하게 지내 는 것이 중요하겠죠.

사르트르　꼭 그렇다고는 할 수 없습니다. 생각해보세요. 다른 사람에게 상처를 주면서까지 정직해야 할까요? 다 른 사람을 희생시키면서까지 성실해야 할까요? 때 로는 거짓말을 해야 할 때도 있습니다. 그럴 때 알면서 하는 거짓말과 모르고 하는 거짓말은 인테그리티 단계가 전혀 다릅니다. 물론 알면서 거짓말을 해도 된다는 뜻은 아닙니다. 그저 '자신의 내면이 크게 동요하지 않는다, 자신의 내면을 완전히 인식한다', 이것이 인테그리티 3단계의 조건입니다.

하토리 자신의 내면을 인식하기는 쉽지 않아 보이는데요.

사르트르 그렇게 어렵지 않습니다. '인테그리티 청소'를 시도해보세요. 이 청소가 인생의 성취와 밀접하게 관련되어 있습니다.

하토리 어떻게 하는 건가요?

사르트르 간단합니다. 다음을 실천해보세요.

인테그리티 청소

① '한다'고 말해놓고 아직까지 하지 못한 것을 종이에 적는다.

② '하지 않는다'고 말해놓고 해버린, 후회하는 행동을 종이에 적는다.

③ 스스로에게 물어서 도저히 허용할 수 없는 게 있으면 종이

에 적는다.

①번에 관해서는 할지 말지를 정하고, 할 거면 언제까지 할지를 정합니다. ②, ③번에 대해서는 그대로 용서할지 말지를 정합니다. 그대로 용서하지 못하겠다면, 뭘 해야 용서할 수 있을지 종이에 적습니다. 그 행동이 현실적이지 않거나 무엇을 해야 좋을지 모르는 경우에는 머릿속 '보류 상자'에 집어넣습니다.

구체적인 예를 들어보면, 다음과 같습니다.

① 종이에 적은 것: '다 먹은 그릇을 설거지하고 잔다'고 말해놓고 그대로 잤다.

→ 기분 좋게 아침을 맞이하기 위해 밤마다 설거지를 하고 잠자리에 드는 습관을 들인다. 오늘 밤부터 실천하기 위해 '자기 전에 설거지'라고 종이에 써서 부엌의 잘 보이는 곳에 붙여둔다.

② 종이에 적은 것: '좀 모자라다 싶게 밥을 먹자'고

해놓고 또다시 배가 터지게 먹고 말았다.

➡ 자제가 되지 않아서 늘 같은 짓을 반복한다. 그러니 남편에게 과식하면 그 자리에서 주의를 달라고 부탁한다.

③ 종이에 적은 것: "다이어트해봤자 어차피 바로 그만둘 거면서"라고 어머니에게 쓸데없는 소리를 하고 말았다.

➡ 말실수한 나를 용서하고 어머니를 곁에서 지켜보기로 한다.

여기서 핵심은 사소한 일이라도 '완료하지 못한 항목을 완료하는' 것입니다.

하토리 그걸 매일 하는 건가요?

사르트르 처음에는 매일 해보세요. 익숙해지면 3일에 한 번, 일주일에 한 번, 이렇게 자기 페이스대로 하고요. 인간은 무의식적으로 삽니다. 그런데 정기적으로 '인테그리티 청소'를 하면 무의식을 의식화할 수 있어요. 동시에 '자신감에 찬, 무슨 일에도 동요하지 않은 나'를 발전시킬 수 있죠. 방금 전에도 말했지만 인테그리티를 의식하면 자기답게 살 수 있는 토대를 만들 수 있습니다. 당신이 창업을 생각하고 있다면, 그리고 지금 인생을 어떻게 살지 몰라 헤매고 있다면 먼저 '인테그리티 청소'를 하고 자신에게 늘 성실히 살고 있는지를 확인해보세요.

인간이란 '지금 이 순간을 사는 존재입니다. 바꿔 말하면 현재라는 시간 속에서만 존재하죠. 따라서 살아가는 한, 인생 전체를 내다보고 시야에 넣기란 불가능합니다. '삶'이란 나도 모르는 사이에 등 뒤에서 살며시 다가오는 거니까요. 그리고 문득 정신을 차리는 순간, 인생 안으로 내던져지죠.

이렇게 자신이 늘 '던져진 그릇' 안에 있다고 자각할 수 있다면 자기 자신을 창작하는 것도 가능해요. 또 인테그리티를 지니고 살면 자기답게 사는 토대를 만들 수 있고요.

타인의 시선, 사회의 시선에서 자유롭지 못했던 하토리

씨는 인테그리티의 중요성을 배우고 나서 결국 회사를 퇴직했다. 부모님과 동료로부터 이런 저런 의견을 들었으나 '인테그리티 청소'를 함으로써 자기답게 사는 토대를 단단히 했고, 그러자 결심이 흔들리지 않았다. 지금은 해외를 여행하면서 자기다움의 확립과 비즈니스의 성공이라는 두 마리 토끼를 잡겠다는 목표를 세우고 신규 사업 구상에 매진하고 있다.

사르트르의 수업 포인트

★ 인간은 타인이나 도덕, 심지어 자신의 과거에도 구속받지 않아야 한다. 그저 자유롭게 살면 된다.

★ '인테그리티 청소'를 함으로써 자기답게 사는 토대를 만들어라.

'앙가주망'에 대하여

장 폴 사르트르의 실존주의와 떼려야 뗄 수 없는 사상으로 '앙가주망(Engagement)'이라는 것이 있습니다. '약속' '맹세' 등의 의미를 나타내는 프랑스어로, 약혼반지(Engagement ring)의 어원이기도 하죠. 그럼 이해하기 쉬울까요?

사르트르는 앙가주망에 '사회참여'라는 의미를 담았습니다. '인간은 자유로우며 선택도 자유롭게 할 수 있다. 단, 자유롭게 선택한 이상 책임을 져야 한다. 그리고 사회에서 사는 이상, 자신의 선택은 사회에 대해서도 책임이 있다'는 그런 의미입니다. 가령, 쓰레기 분리에 관해 말해보자면 이렇습니다. 쓰레기는 재활용할 수 있는 쓰레기와 그대로 처리하는 일반 쓰레기로 나뉘는데, 사람에 따라서는 무의식중에 분리하지 않고 버리는 경우도 있습니다. 혹은 '나 한 사람 그냥 버린다고 해서 지구환경에 무슨 영향이 있겠어?'라며 분리하지 않고 버리는 선택을 하는 사람도 있을지 모릅니다.

얼핏 보면 '자기만의 문제'로 보입니다. 하지만 무의식중에 행동하든, 다소 의식적으로 행동하든, 이는 '쓰레기를 분리하지 않고 버려도 환경에는 별 영향이 없다'라는 입장을 표명한 것이 됩니다. 그리고 누군가가 보든 보지 않든 인류사에 '쓰레기를 분리하지 않고 버렸다'는 기억을 남기죠. 크든 작든 그 선택이 인류사에 영향을 미치니까요.

다시 말해, 자신이 하는 선택 하나하나가 다소나마 사회에 영향을 끼친다는 말입니다. 우리가 뭔가를 선택할 때는 늘 사회적 책임을 수반한다는 의미입니다. 이는 책임이 '자신'과 '전 인류' 양쪽에 있다는 의미이기도 합니다. 만약에 뭔가에 침묵을 한다면 침묵을 선택한 것이 됩니다. 전쟁을 방관한다면 그저 방관하기로 선택했다는 뜻이죠.

사르트르는 '당신이 사회에 있는 이상 사회 안에서 행동할 필요가 있다'고 설파했습니다. 사르트르 또한 그러한 사고에 근거하여 행동했습니다. 1964년, 사르트르는 쉰아홉의 나이에 노벨문학상 수상자로 선정되었습니다. 하지만 그는 노벨상 수상이 서방의 문화를 옹호하는 것과 같은 뜻이라며 수상을 거부했습니다.

또 사르트르는 보부아르와 '계약 결혼'을 했습니다. 그들이 계약 결혼을 선택한 이유는 결혼을 하면 사회가 정한 제도에 따르게 된다고 생각해서였는지도 모릅니다. 법률과 사회의 상식에 얽매이지 않은 이 새로운 남녀관계는 사람들의 주목을 받았습니다.

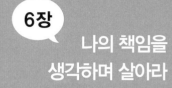

6장

나의 책임을
생각하며 살아라

실존주의가 맨 처음 하는 것은 무엇인가?
한 사람 한 사람이 자기 자신을 있는 그대로 파악하고
자신의 실존에 대해 전적으로 책임지게 만드는 것이다.

−장 폴 사르트르

오늘 찾아온 사람은 한 회사에서 팀장으로 재직 중인 다나카 고지 씨. 실수가 잦은 부하 직원에게 자기도 모르게 큰 소리치는 하루하루를 보내고 있다. 부하 직원은 위축되고 팀 분위기도 침체되었다. 며칠 전에도 그런 분위기를 견디지 못하고 신입사원 한 명이 입사 반년 만에 퇴직했다. 다나카 씨는 고민 끝에 인생학교의 문을 두드렸다.

'모든 원인은 나에게 있다'고 여길 때

다나카 저희 팀 직원은 실수가 잦고, 게다가 '○○ 탓'이라며 바로 책임을 전가합니다. 그래서인지 팀 실적이

자꾸만 떨어지네요.

사르트르　책임 전가라…… 알겠습니다. 오늘은 책임에 대해 말씀드리죠. 그런데 다나카 씨, 자신의 인생과 관련된 일은 누가 선택하는지 알고 있습니까?

다나카　누구냐니요…… 저 아닙니까?

사르트르　그렇습니다. 전부 자신이 선택하는 겁니다. 실수도 그렇죠.

다나카　업무상 실수도 말인가요?

사르트르　당연하죠. 다 당신이 선택했습니다.

다나카　뭐, 저도 인간인지라 이따금 실수를 합니다. '선택' 이라고 하면 글쎄요…… 아닌 것 같지만 '내가 저지른 실수는 내가 선택한다'는 말은 왠지 모르게 이해가 됩니다.

사르트르　다나카 씨 자신의 실수만이 아닙니다. 부하 직원의 실수도 다나카 씨가 선택한 겁니다.

다나카　네? 부하 직원의 실수까지 제가 선택했다는 말인가요? 그건 좀 이해가 안 되는데요.

사르트르　부하 직원은 당신과 관련이 있죠. 당신과 관련된 직원의 실수라면 당신의 선택입니다. 여기서 하나 더 질문하겠습니다. 당신이 선택한 실수는 누구의 책임인가요?

다나카 제 책임인가요?

사르트르 그렇습니다. 당신이 선택한 것이니 직장에서 일어난 실수는 부하 직원의 실수까지 포함해서 전부 당신의 책임입니다. "모든 원인은 나에게 있습니다"라는 자세로 대응을 시작하세요.

다나카 납득이 되지 않습니다.

사르트르 많은 사람이 그렇게 말하죠. 하지만 세상에서 일어나는 일은 전부 자신이 원인입니다. 그리고 자신의 인생에서 일어난 실수라면 자신이 일으켰다고밖에 말할 수 없습니다.

범인 찾기를 그만둘 때 효율이 찾아온다

다나카 그렇게 말씀하셔도 도저히 납득이 되지 않습니다.

사르트르 하지만 그렇게 생각하고 일을 하면 작업 효율이 몰라보게 좋아질 겁니다.

다나카 그건 왜죠?

사르트르 누군가가 실수를 하면 대개는 다음과 같이 흘러가죠. '실수 발생 → 범인 찾기 → 실수에 대한 대처.' 누구나 당장에 범인을 찾고 싶어 합니다. 하지만 모든 실수가 자신의 책임이라고 생각하면 "이 녀석 탓이야" "저 녀석 탓이야"라고 남을 탓하지 않게 됩니다. 처음에 범인을 찾을 필요도 없어요. 그러면 어떻게 될까요?

다나카 범인 찾기에 시간을 빼앗기지 않는다?

사르트르 그렇죠. '범인 찾기' 단계를 건너뛰면 바로 실수에 대한 대처 단계로 넘어갑니다. 만약 당신의 회사 직원들 중 누군가가 실수를 저질렀을 때, 다들 자신의 책임이라 느끼고 바로 대응책을 생각하게 된다면 어떻게 될까요?

다나카 효율적이 될 것 같습니다.

사르트르 네. 누가 어디에서 실수를 저질렀는지는 나중에 자연히 밝혀지게 될 겁니다. 문제가 생겼을 때는 먼저 전부 자신의 책임이라 생각하고 대처해보세요. 그러면 문제를 서둘러 수습할 수 있습니다.

비가 와도 나 자신의 책임?

사르트르 본론으로 들어가기 전에 책임이 어떤 건지 알고 있나요?

다나카 자신이 한 일에 대해 하나서부터 열까지 스스로 처리하는 건가요?

사르트르 비슷합니다. 사전적으로 설명하면 다음과 같아요. '입장이나 행동이 끼치는 영향에 대해 적절히 대응을 취하는 행위. 오로지 부정적인 영향만이 있거나 혹은 있었다고 가정될 때는 외부에서 그 손실을 끼친 사람을 지정하거나 거기에 반응을 하라고 요구하는 경우가 많다.' 책임이란 우리가 어떤 일을 하고 난 후에 지는 것으로, 무거운 짐처럼 느끼기 십

상입니다.

다나카 맞아요. 책임이라고 하면 뒤에서 어깨를 짓누르는 느낌이 듭니다.

사르트르 하지만 나는 책임을 다음과 같다고 생각해요. "전부 내가 했습니다"라고 선언하는 것, "모든 원인은 나에게 있습니다"라는 입장을 취하는 것이라고요.

다나카 그래서 저와 관련된 일은 전부 제 책임이라는 말이군요.

사르트르 네, 비가 와도 당신 책임입니다.

다나카 네? 비가 오는 것도 제 책임인가요? 그건 날씨 문제잖아요.

사르트르 예를 들어 당신이 음식점을 경영한다고 칩시다. 비가 오면 서둘러 귀가하는 사람도 적지 않으니 매출이 떨어지겠죠. 만약에 1년 동안 매일 비가 와서 계속 매출이 떨어진다면 어떻게 할까요? 당신이 '날씨 탓이니 어쩔 수 없다'고 한탄만 하고 있으면 일이 해결될까요?

다나카 ⋯⋯ 저에게 어떻게 하라는 거죠?

사르트르　스스로 생각해보세요. 비가 와도 당신 책임이라면
　　　　비가 왔을 때, 어떤 행동을 취해야 할까요?

다나카　비가 와도 매출이 떨어지지 않게 해야죠.

사르트르　구체적으로 말해보세요.

다나카　비가 와도 손님이 오게 해야 한다든지.

사르트르　더 구체적으로.

다나카　가령 비가 오는 날에는 반값 세일을 한다거나……

사르트르　그거 좋은데요. 모든 것은 자신의 책임이라고 생각
　　　　하면 그렇게 문제 해결을 위한 아이디어가 얼마든
　　　　지 나올 거예요.

'Responsibility'와 'Accountability'

사르트르　그리고 기억해두었으면 하는 것이 있는데, 책임
　　　　에는 두 종류가 있다는 거예요. '리스폰시빌리티
　　　　(Responsibility)'와 '어카운터빌리티(Accountability)'입
　　　　니다.

'리스폰시빌리티'에는 대응을 한다는 'res'가 붙어요. 즉, 자신이 대응해서 하는 일에 대한 책임. 좀 더 자세히 말하면 실무에 대한 책임을 말하죠. 일적으로 말하자면 일을 빈틈없이 해내는 것이고 대응할수록 능력치가 올라갑니다. '어카운터빌리티'는 외부에 대한 설명 의무로 해석돼요. 어카운트란 셀 수 있는 것, 구체적으로는 눈에 보이는 것을 말하죠. 바꿔 말하면 담당 임무에 관한 책임을 뜻합니다. 중책을 맡은 사람은 외부에 하나서부터 열까지 철저히 설명할 책임이 있어요. 그리고 입장에 맞게 책임을 다하면 담당 임무 수준이 올라가죠. 그러니까 회사원은 능력과 입장이라는 두 가지 책임을 질 필요가 있습니다.

다나카 누구에게나 두 가지 책임이 있다는 말씀이죠?

사르트르 그래요. 가령 음식점에서 계산을 맡아서 한다고 하면, 손님을 기다리게 하지 않고 빠르고 정확하게 정산하는 것이 '리스폰시빌리티'입니다. 계산을 마쳤을 때 금액과 영수증이 맞으면 그건 '어카운터빌리티'고요. 단, 손님이 "맛이 예전 같지 않으니 좀 깎아줘요"라고 요구했을 때, 계산하는 사람에게 그걸 판단할 책임은 없어요. 그때 불려나오는 것이 매니저입니다.

양쪽을 구별할 수 있으면 자신의 일에 관한 책임이 명확해집니다. 그러면 평가하기 쉽고 급여 협상도 한결 수월해질 거예요. 그야말로 일하기 쉬운 환경을 만들 수 있죠.

책임은 앞으로 던지면서 지는 것

다나카   그런데 책임은 어떻게 지라는 건가요?

사르트르   앞으로 던지는 겁니다.

다나카   앞으로 던진다? 책임을 포기하라는 말로 들리는데요?

사르트르   아닙니다. 책임을 지기 전에 '이 일을 책임지겠습니다'라고 선언하는 겁니다.

다나카   책임을 지기 전에 말부터 한다는 뜻인가요?

사르트르   무슨 일이든 말로 함으로써 존재시킬 수 있지요. 입으로 말하기 전에는 본질이 없습니다. "내가 이 일(혹은 프로젝트)을 책임지겠습니다"라고 선언하고 책임을 실재시켰을 때, 그 일은 자연히 책임감이 따르는 일이 됩니다.

다나카   저는 무엇에 대해 책임을 지면 될까요?

사르트르   먼저 회사를 다니면서 '이렇게 하면 이곳이 더 좋아질 텐데'라고 생각했던 점을 열거해보세요.

다나카   생산성이 더 올라가면 좋겠습니다.

사르트르   그러면 생산성을 올리는 일에 책임을 지세요. 지금은 왜 생산성이 낮다고 생각하나요?

다나카   상품을 엄격하게 체크하지 않아서 대량으로 불량품을 낳고 그것이 생산성을 낮춘다고 생각합니다.

사르트르   그에 대해 당신은 어떻게 책임을 질 거죠?

다나카   상품 점검 횟수를 늘려서 불량품이 나오지 않도록 책임을 지겠습니다.

사르트르   그 외에는?

다나카   같은 팀 직원끼리 툭하면 "말했네" "말하지 않았네" 옥신각신하니 중요한 사안은 메일로 공유하도록 하겠습니다.

사르트르   그거 좋은데요.

다나카   몸 상태가 좋지 않은 직원이나 기분이 침체된 직원은 실수를 연발하는 경향이 있는데 그런 상태를 팀장인 내게 편하게 털어놓을 수 있는 분위기를 만들겠습니다. 그리고 경우에 따라서 일을 쉽게 하거나 퇴직을 시키도록 적절히 조치하겠습니다. 그리고…… 가족들이 부탁한 물건은 잊지 않고 사들고 가겠습니다.

사르트르   네?

다나카   일을 마치고 퇴근하는 길에 아내가 부탁한 장을 보지 않으면 나중에 꼭 다투게 됩니다. 그러고 나면 다음 날 그 일이 머리에서 떠나지 않아서 일에 집중하지 못하고 실수를 하죠……. 부하 직원에게 뭐라 말할 수 있는 입장이 아니에요. 그래서 장을 보라는 아내의 부탁은 책임을 지고 지키려고 합니다.

사르트르   그거 아주 중요하죠! 업무상 실수가 계속되거나 일
         이 잘 풀리지 않을 때는, 알고 보면 가정에 문제가
         있을 때가 적지 않아요. 그러니 실수를 연발하는 부
         하 직원이 있으면 집안에 문제가 없는지 넌지시 물
         어보고 고민을 들어주는 것도 좋을지 몰라요.

회의실은 책임을 지러 들어가는 곳이다

다나카   '책임을 앞으로 던진다'라고 말씀하셨는데 "이건
         내가 책임을 지는 게 낫겠다", 뭐 이런 건 미리 알
         수 있을까요?
사르트르   순간순간의 감각을 기르면 제대로 판단할 수 있습
         니다.
다나카   감각이라고요?
사르트르   네. 요즘 정보 조작이라는 말이 여기저기서 들리죠.
         있는 것과 없는 것이 뒤섞이고 없는 것이 있는 것처
         럼, 거꾸로 있는 것이 없는 것처럼 보도되거나 세간

에서 떠들어대고 있어요. 블로그에는 품질이 훌륭한 양 소개됐는데 막상 상품을 샀더니 별 거 아니어서 실망했다는 사람도 많고요. 이런 일이 빈번하게 발생하는 시대야말로 개인의 감각이 아주 중요해지죠.

다나카 　그렇군요.

사르트르 　개인의 현실은 '체험'입니다. 체험은 자신이 눈으로 보고 귀로 듣고 손으로 만지고 느끼는 '오감'이에요. 즉, 자신의 감각이죠. 그런데 정보에 휘둘려서 자신의 감각을 무시하는 사람이 적지 않습니다. 그 결과 선택하는 데 실수를 하고, 결국 후회하며 자신을 탓하죠. 회의실에서도 마찬가지예요. 본인은 'A안이 좋다'고 생각했는데 모두가 'B안이 좋다'고 해서 B안에 동의할 때가 있을 겁니다.

다나카 　있어요. 특히나 간부급이 출석하는 회의에서 그런 경향이 심해요. 윗사람들이 "좋아"라고 말하면 '그쪽이 좋은가?' 하고 생각하게 됩니다.

사르트르 　'좀 아니다' 싶을 때는 그걸 정확히 자각하고 "나는

A안이 더 낫다고 생각합니다"라고 책임감을 갖고 주장합니다. 그러면 설령 A안이 채택되지 않았다 해도 자신을 탓하는 일은 없을 거예요. 무책임하게 주변에 휩쓸려서 '모두가 그렇게 말했으니까'라고 동조해버리면 나중에 '나는 그렇지 않은데' 하고 미련이 남아서 '나는 안 돼'라고 탓하게 됩니다.

다나카   그렇게 되지 않기 위해서라도 해야 할 말은 꼭 말로 하라는 말씀인가요?

사르트르   네. 설령 임원이나 부장이 반대해도 자신의 감각을 소중히 여기고 "나는 이쪽이 좋다"고 한번 말해보세요. 이쪽으로 정해지면 책임은 지겠다고요.

다나카   꽤나 용기가 필요한 일이군요.

사르트르   네. 하지만 늘 그런 태도라면 책임감을 갖고 일을 할 수 있게 될 겁니다. '모두가 반대하지만 나는 A안이 훨씬 낫다고 생각한다, 그 안을 통과시키기 위해 주변 사람을 설득시키자.' 그런 자세여야 해야 할 일도 보이게 됩니다. 회의하는 자리에서야말로 책임을 지겠다는 자세가 필요하다고 생각해요.

자신의 인생에 일어나는 일은 전부 자신의 책임입니다. '태어나서 죽을 때까지 스스로 선택하고 책임을 진다. 책임을 앞으로 던진다.' 그런 자세로 살면 '책임을 져야 한다'고 생각하게 되고 그만큼 힘이 생깁니다. 무의식 상태에서는 선택을 하거나 책임을 질 수 없습니다. 의식하고 있어야 선택하고 책임질 수 있어요. 지금을 살며 '책임을 진다'는 의식을 가질 것, 그런 자세여야 당신의 인생을 발전시킬 수 있습니다.

평정심을 잃고 버럭 화를 내게 될 때

사르트르 그 외에 현재 힘든 일은 없습니까?

다나카 음…… 부하 직원을 보면 저도 모르게 화를 냅니다. 그 탓인지 신입사원이 좀처럼 적응하지 못하고 바로 그만둬서……. 이것도 제 책임이 아닌가 생각하고 있습니다.

사르트르   사표를 내기까지 구체적으로 어떤 일이 있었나요?

다나카   훈련의 의미로 신입은 처음부터 아무 곳이나 혼자 무작정 들어가는 방문 영업을 시키는데 이게 아무래도 힘든 모양이에요. 요전에 그만둔 신입사원은 처음 들어간 곳에서 문전박대를 당하고 충격을 받은 채 그대로 터덜터덜 돌아왔더라고요. 그래서 저도 모르게 심하게 야단쳤더니 다음 날부터 회사에 출근하지 않았어요.

사르트르   음…… 실존과 해석이 뒤섞인 상태에 있군요.

다나카   네? 그게 어떤 상태라는 건지요?

사르트르   중립적이지 않은, 평정심을 유지하지 못한 상태요.

다나카   네. 부하 직원이 조금만 반론을 해도 욱하고 화가 치밀어서 "변명은 그만해"라고 고함을 치게 돼요. 화를 낸 후에는 갑자기 서글퍼지기도 하고, 기분이 착 가라앉아요.

사르트르   그런 경험은 누구에게나 있고 언제든 일어날 수 있는 일입니다. 그런 상태는 거의 의식을 하지 않을 때 일어납니다. 현실을 보는 게 아니라 과거의 일을 떠올리기 때문이에요. 부하 직원에게 짜증을 낼 때도 마찬가지죠. 가령 한 부하 직원이 '영업 보고서를 제출하지 않았다(실존)'라고 할 때, '이 친구, 요전에도 보고서를 잊어버렸지' '그전에는 지각도 했어' '사실은 한심한 녀석이로군'이라고 생각(해석)하게 된다는 거죠. 현재와 과거의 일이 뒤섞이고 거기에 자신의 해석이 더해지는 겁니다.

이러한 현상이 타인에 대해서만 일어나는 건 아니에요. 자신이 잘못했을 때도 '전에도 같은 실수를 했는데'라고 흔히 생각하죠.

다나카　정말로 자주 그래요.

사르트르　그럴 때 평정심을 잃어버리면 남의 탓으로 돌리거나 날씨를 탓하거나 혹은 자신을 심하게 책망하게 됩니다.

다나카　맞아요. 자주 그럽니다. 대체 왜 그런 상태가 되는 걸까요?

사르트르　다음의 세 가지를 꼽을 수 있습니다. 첫 번째는 기대가 충족되지 않을 때. '상대가 이렇게 해주겠지'

라고 생각했는데 그렇게 해주지 않았을 때죠. 두 번째는 의도가 좌절되었을 때. '오늘은 영업해서 계약을 3건 따냈다. 나머지는 사인만 받으면 된다'라고 생각했는데 그 계획이 무산됐을 때입니다. 세 번째는 커뮤니케이션이 잘 되지 않았을 때. 자신의 의도가 상대에게 제대로 전달되지 않았다거나 혹은 반대로 해석되었을 때에요.

당신만이 아니라 신입사원도 마찬가지입니다. 상사의 명령을 받고 영업을 하려고 만나자고 제안했는데 거절당했다. 발길이 닿는 곳에 무작정 방문해서 영업을 하려고 했으나 인터폰 너머로 들려오는 "돌아가!"라는 고함소리에 발길을 돌려야 했다. 혹은 "야, 두 번 다시 오지 마!"라며 소금을 뿌려댔다…… 그러면 좌절감이 드는 게 당연하겠죠.

다나카 저도 신입 시절에 그런 일이 있었습니다. 그때를 떠올리면 눈물이 앞을 가리죠.

사르트르 그런 일은 영업보고서에 쓸 수 없어요. 대체 어떻게 써야 좋을지 모르기도 할 거고요. 막상 그 일에 대해 쓴다고 해도 '불쾌한 일이 있었다'는 식으로 개념적인 말밖에는 쓸 말이 없죠. 그나마 쓰면 다행이고 부정적인 내용을 쓰면 그에 대해 안 좋은 평가가 내려질까 봐 아무것도 하지 못하죠. 그런 상황이 계속되면 우울증에 걸려도 이상하지 않아요.

다나카   그렇군요. 그렇게 되지 않게 하려면 어떻게 해야 할까요?

사르트르   영업을 하다 보면 그 과정에서 당황하게 되는 상황이 수시로 생깁니다. 영업의 달인이라 해도 아무 데나 무작정 들어갔다가 "돌아가"라고 문전박대를 당하는 일이 예사고, 의도한 대로의 결과가 나오지 않을 때도 부지기수일 테니까요. 당신이 할 수 있는 일은 그걸 그대로 업무일지에 적게 하는 겁니다. '계약을 따냈다, 따내지 못했다'라는 결과만이 아니라 불쾌했던 일, 분하고 억울했던 일 등등 있었던 일을 있는 그대로 구체적으로 쓰게 하는 거예요. 가령 "첫 번째 방문, 두 번째 방문, 세 번째 방문 전부 거절당하고 울고 싶어졌습니다" "오후부터는 영업에 나설 기력이 없어서 쭉 역전에 있는 찻집에서 시간을 때웠습니다" 그런 식으로요. 그렇게만 하면 됩니다.

다나카 그렇게만 하면 된다고요?

사르트르 네. 상사인 다나카 씨를 비롯해서 사장과 임원이 매일 빠짐없이 그 업무일지를 봅니다. 전부 일어날 법한 일이고, 다나카 씨나 사장, 임원의 입장에서 보자면 자신이 거쳐온 길이니까 어떻게 대처하면 좋은지 누구보다 잘 알고 있겠죠. 경험을 토대로 조언도 해줄 수 있고 심하게 우울해 보이면 "신입사원으로서는 제법 괜찮게 하고 있잖아"라고 다정하게 격려해줄 수도 있어요.

그런데 사실이 가려져 있으면 당신도 사장도 대처할 방법이 없어요. 하지만 사실이 드러나 있는 정직한 업무일지를 참고하면 문제 해결에 나설 수 있습니다. 신입사원도 더 이상 혼자서 문제를 끌어안고 있지 않아도 되니 입사하고 바로 그만두는 일이 없어질 테죠. 또 영업 지원을 받아 더 빨리 영업맨

으로 성장할 수 있을 거고요. 그리고 그것이 회사의
실적 향상으로 이어질 겁니다.

다나카   네, 잘 알겠습니다.

자기 관찰로 '나'를 의식화하기

사르트르   업무일지를 정직하게 쓰게 하면 얻을 수 있는 장점
이 또 있어요. 당황해서 평정심을 잃는 순간을 피하
는 가장 좋은 방법은 자신을 관찰하는 것인데, 그걸
할 수 있게 되거든요.

다나카   관찰이요? 일지를 쓰면 할 수 있다고요?

사르트르   할 수 있습니다. 개인적으로 쓸 거면 일기도 괜찮아
요. 업무일지나 일기를 써야 한다고 규정하면 싫어
도 자신을 관찰하겠죠. 자신을 관찰하면 객관적으
로 볼 수 있습니다. 이때는 '나'라는 존재를 철저히
의식하고 '관찰하자'고 정한 상태에서 나를 관찰하
는 것이 중요해요. 그러면 자신에 대해 더 많이 깨

달을 수 있죠.

다나카 　'나'라는 존재를 의식하고 관찰한다?

사르트르 　그렇습니다. 조금 어려운 얘기가 될 텐데, 가령 손
에서 벗어난 풍선을 잡으려고 정신없이 쫓아갈 때,
거기에 '나'는 없습니다. 이때 '지금, 나는 무엇을 하
고 있을까?'라고 의식하면 '나는 풍선을 쫓아간다'
는 걸 알 수 있습니다. 의식했을 때 비로소 '나'가 있
죠. 이런 식으로 자신을 의식해서 객관적으로 보게
되면 '지금 존재하는' 눈앞에 펼쳐진 일에 냉정하
게 대처할 수 있어요.

다나카 　'지금 존재하는' 눈앞에 펼쳐진 일이라고 하면?

사르트르 　예를 들어 풍선을 쫓아가느라 열중했을 때는 '나'가
없지만 '풍선을 쫓아가느라 정신없는 나'가 있음을
깨달으면 '골목에서 차가 튀어나올 테니 정신 차리
자'라는 식으로 냉정해질 수 있습니다. 자신을 의식
적으로 관찰하는 연습을 하면 냉정해질 수 있죠.
　다나카 씨의 경우도 부하직원에게 큰소리를 칠 때,
자신을 의식적으로 관찰하면 '나는 지금 화를 내고

있구나'라고 즉시 알아챌 수 있습니다. 그게 익숙해지면 늘 '자기 자신으로 있을 수 있게' 되고요. 즉, 동요하지 않고 평점심을 유지할 수 있게 되는 거예요.

그 후, 다나카 씨는 직속 부하 직원 한 사람 한 사람과 면담하는 자리를 마련하고 책임에 대해 이야기를 나눴다. 그리고 신입사원에게는 영업 업무일지에 그날 있었던 일을 있는 그대로 쓰게 했다. 그것이 계기가 되어 직장의 분위기가 변하고 직원들의 영업실적도 쑥쑥 올랐다.

사르트르의 수업 포인트

★ '모든 원인은 나에게 있다'라는 입장에서 일하면
   팀의 실수가 줄어든다.
★ 자신을 의식적으로 관찰하면
   평정심을 찾고 냉정해질 수 있다.

불안은 자유롭다는 증거

깎아지른 절벽이 있고 절벽 바깥쪽으로 좁다란 통로가 나 있습니다. 아래를 보면 거친 파도가 절벽에 부딪혀서 사방으로 물보라가 튀고 있습니다. 이 길을 걸을 때, 인간은 불안을 느낍니다. '떨어질지도 모른다'는 생각이 들죠.

그 길에 빈 깡통이 나뒹굴고 있다고 합시다. 강풍이 불면 인간도 빈 깡통도 떨어질 가능성이 있습니다. 하지만 인간은 자세를 낮추고 바닥에 넙죽 엎드려서 떨어지지 않을 수 있습니다. 다시 말해, 인간은 사물과 달리 스스로 떨어지지 않으려고 '투기(자신을 던진다)'함으로써 행동을 일으키고 아래로 떨어지지 않을 가능성을 만들 수 있죠.

더욱이 인간은 자유로운 존재라서 떨어지지 않으려고 스스로 선택할 수도 있으며 혹은 그대로 조심하지 않고 걷다가 떨어질 수도 있습니다. 혹은 마음이 변해서 벼랑 아래로 뛰어내릴 가능성도 있죠.

처음에는 '떨어질지도 몰라서' 불안해했다면, 자유롭게 선택할 수 있게 되면서는 '자기 스스로 뛰어내릴지도 모르는' 불안이 싹트는 것입니다. 이를 근거로 사르트르는 자유롭기에 불안을 느끼는 것이며 불안을 느낀다는 것은 자유로운 증거라고 주장했습니다.

7장

항상 '지금'에
집중하며 살아라

모든 답은 나와 있다.
어떻게 살 것인지를 제외하고.

—장 폴 사르트르

어느 지역의 고등학교 야구부 감독이 에이스 투수인 야마우치 군과 4번 타자인 노구치 군을 데리고 찾아왔다. 새로 부임한 감독이 말했다.

"우리 고등학교는 30년 넘게 고시엔에 출장하지 못했습니다. 하지만 예년과 달리 올해는 저희 팀에 뛰어난 인재가 모여 있어 기회라고 생각합니다. 하지만 그 전에 지역 예선을 통과하지 않으면 안 됩니다. 여느 강팀 선수들과 다르게 우리 선수는 큰 무대에 선 경험이 적습니다. 정신을 단련하지 않으면 실전에서 평소 실력을 발휘하지 못할 위험이 있죠. 하지만 요즘은 과거와 달리 근성론이나 기합으로 선수들을 키우는 시대가 아닙니다. 그래서 다른 방법이 없을까 생각해보다 선수 개개인의 마음을 강하게 단련하고 싶어서 이곳에 찾아왔습니다."

나는 감독의 기백에 압도되었다. 그리고 그들을 고시엔에 보내기 위해 3주로 나눠 그룹 문답을 시작했다.

과거를 흘려보내는 것부터 시작하라

사르트르 첫째 주 수업을 시작해봅시다. 나는 야구 보는 걸 좋아하는데, 두 사람은 하는 걸 좋아하는군요.

야마우치 네, 정말로 좋아합니다. 저는 투수이기 때문에 투구 연습을 몇 시간이나 하는데요, 아무리 해도 질리지가 않아요.

사르트르 오랜 시간 연습을 해도 지치지 않는다고요?

노구치 음…… 연습할 때는 지치지 않지만 다른 팀과 시합한 후에는 지칩니다.

사르트르 그건 왜죠?

노구치 긴장해서요. 타석에 섰을 때 '못 치면 어떡하지'라거나 이런 저런 생각이 들어서…….

사르트르 타석에서 '어제는 공을 치지 못했는데' '작년에 이 선수한테 졌지' '우리는 맨날 지기만 해'라고 생각하면 절대로 공을 칠 수가 없어요. 아니, 절대 이길 수가 없죠.

야마우치·노구치 ……

사르트르 시합에서 이기려면 늘 '지금'을 살아야 해요. 의식적이든 무의식적이든 '과거'에 연연하면 '지금'을 살기가 어려워요. 야마우치 군과 노구치 군의 경우, 먼저 지금 자신의 상태를 이해하는 데서부터 시작하는 게 좋을 것 같군요. 그러니까 과거에 연연하고 있는지 아닌지를 알아보자는 거예요. 그리고 만약에 과거에 연연하고 있다면 다 없었던 걸로 하고 흘려보냅시다.

야마우치·노구치 네, 알겠습니다!

사르트르 하하, 대답은 잘하네요.

사르트르 선생은 칠판에 수도꼭지와 세면대를 그렸다. 수도꼭지에서 물이 흐르며 세면대에 가득 채워지고 있다.

사르트르 자, 여기에 수도꼭지가 있고, 물이 흘러나옵니다. 그 아래는 세면대가 있고 물이 채워지고 있죠. 어떻게 보이나요? 야마우치 군, 대답해보세요.

야마우치 물이 쏟아져서 점점 차오릅니다.

사르트르 연결되어 보일까요? 아니면 한 방울 한 방울로 보일까요?

노구치 연결되어 보입니다.

사르트르 그렇게 보이겠죠. 하지만 사실 물은 한 방울 한 방울로 나뉩니다. 연결되어 쏟아지는 것처럼 보이지만 실은 아주 작은 방울의 집합이죠.

인생도 마찬가지입니다. 어제부터 오늘까지 쭉 이어져서 흘러온 것처럼 보이지만 사실은 독립된 한 순간 한 순간이 이어져서 지금이 된 거예요. 집에서 학교에 갈 때까지를 생각해보세요. 집을 나와서 문을 닫고 횡단보도를 건너고 육교를 올라가서 교문을 지나…… 이렇게 여러 일들이 연결되어 일어납니다. 그리고 우리는 그 매 순간 늘 뭔가를 떠올리거나 깊이 생각하거나 느끼거나 행동하면서 살아갑니다.

노구치 　듣고 보니 그럴지도 모르겠어요.

사르트르 　그러면 보세요, 이 그림에 있는 흐르는 물 한 방울 한 방울이 야마우치 군과 노구치 군의 매일이라고 칩시다. 야마우치 군은 매일 어떤 말을 듣나요?

야마우치 　매일 혼이 납니다.

사르트르 　누구한테 혼나는데요?

야마우치 　부모님과 감독님, 담임선생님한테요.

사르트르 　혼나는 이유는?

야마우치 　방을 치우지 않아서, 연습 중에 까불어서, 혹은 숙제를 하지 않아서요.

사르트르 　그러면 이 한 방울은 어머님의 분노, 이 한 방울은 아버님의 분노, 이 한 방울은 감독님의 분노, 이 한 방울은 담임선생님의 분노라고 칩시다. 이 한 방울 한 방울이 세면대에 모였어요. 그 모인 물의 이름은 뭘까요?

야마우치 　물의 이름이요?

사르트르 　생각나는 대로 지어보세요.

야마우치　분노의 물이라고……? 아니 잠깐만요. 변변찮은 물이라고 할까.

사르트르　그 물을 모은 건 누구죠?

야마우치　저죠.

사르트르　그러면 그 물을 버립시다.

　사르트르 선생은 칠판에 그려진 물이 담긴 세면대를 재빨리 지웠다.

야마우치・노구치　앗!

사르트르　지금까지 변변치 않았던 야마우치 군은 이제 없어요. 지금 이 순간부터는 '변변치 않은 일'을 하지 않으면 그만이에요. 지금부터 달라지면 되는 거죠.

야마우치　네, 알겠습니다.

　사르트르 선생은 다시 물이 담긴 세면대를 그렸다.

사르트르　노구치 군은 어떤 이름의 물이 여기에 모여 있다고 생각하죠?

노구치   이기지 못하는 물이요.

사르트르   누구한테 이기지 못하는데요?

노구치   우리 지역에 있는 강팀에.

사르트르   왜 이기지 못한다고 생각해요?

노구치   타석에 서자마자 겁이 나서 기가 죽거든요.

사르트르   그러면 그 물을 흘려버립시다.

노구치   네?

사르트르   타석에 서는 게 무서운 겁쟁이 노구치 군은 과거의 노구치 군이에요. 이기지 못한 것도 어제까지의 노구치 군이고요. 그렇죠?

노구치   네.

사르트르   그러면 그건 지우면 돼요. 과거는 과거입니다. 마치 물과 같아서 한 순간 한 순간 전부 나뉘어 있죠. 지금과는 동떨어져 있어요. 지금과는 관계가 없습니다. 그러니 지우세요.

사르트르 선생은 물이 담긴 세면대 그림을 다시 지웠다.

이렇게 해서 야마우치 군, 노구치 군이 연연하던 과거를 끌어내서(즉, 일단 존재시키고 나서) 지워버렸다.

야마우치   이런 건 왜 하는 거예요?

사르트르   인간은 '여태까지 살아오면서 떠올리기 싫은 불쾌한 기억이 모여 있다'고 느끼지 못해요. 실제로 '불쾌한 기억'은 지금 존재하지도 않습니다. 그저 석연치 않은 느낌으로 자기 안에 남아 있을 뿐이죠. '불쾌한 기억'이 내면에 남아 있으면 아무도 지울 수 없어요. 하지만 일단 토해내면 지울 수 있죠. 실제로는 '없는 것'인데 '있는 것'으로 만드는 사람은 자기 자신입니다. 따라서 그걸 일단 말로 꺼내서 존재시키고, 그러고 나서 지우면 되는 거예요. 알겠어요?

새롭게 '누구로 살지'를 정한다

사르트르   자, 지금까지 두 사람이 가지고 있던 물은 전부 흘려버렸습니다. 그러면 텅 빈 세면대에는 어떤 새로운 물을 담고 싶나요?

야마우치 새로운 물이요?

사르트르 그래요. 야마우치 군은 변변치 않은 물이었습니다. 그랬던 야마우치 군은 이제 없어요. 오늘부터 새롭게 누구로 살 건가요?

야마우치 누구로 사냐고요? 음, 그렇다면 '기적을 일으키는 나'여도 괜찮을까요?

사르트르 물론 되고말고요. 야마우치 군은 이제 '기적을 일으키는 야마우치'입니다. 그러니 '미라클 야마우치'라고 하면 어떨까요?

노구치 군은 어때요? 시합에서 이기지 못하는 겁쟁이 노구치 군은 이제 없습니다. 노구치 군은 이제 누구로 살고 싶나요?

노구치 결코 기죽지 않는 강인한 나. 새로운 물의 이름은 '강인한 노구치'입니다.

사르트르 그거 좋네요.

'누구로 사는가'가 용기를 만든다

사르트르　이어서 새로 태어난 두 사람이 어떤 결과를 낼지를 생각해봅시다. 노구치 군은 오늘부터 '강인한 노구치'로 살기로 했습니다. 그러면 웬만해서는 기죽지 않고 강한 노구치 군이라면 어떤 결과를 낼 수 있을까요?

노구치　시합에서 이긴다!

사르트르　시합에서 이기려면 어떻게 해야 할까요?

노구치　연습을 더 해야죠.

사르트르　네. 그런데 '더'란 구체적으로 어떤 연습을 얼마나 하는 걸까요?

노구치　배트 휘두르기 매일 100번. 매일 아침 3킬로미터 달리기. 근육 트레이닝 하기. 연습은 아니지만 어떻게 하면 강해질지 다함께 모여서 의논하기…… 이 정도요?

사르트르　그러면 지금 말한 결과를 내기 위해 노구치 군이 '하기'로 정한 행동을 잊지 않도록 노트에 적으세요.

야마우치·노구치　네!

사르트르　다 썼나요? 새로운 자신은 언제부터 시작되는 거죠?

야마우치·노구치　오늘부터 시작합니다!

사르트르　그러면 다음 시간에 어떻게 달라졌는지 이야기해 주세요.

야마우치·노구치　알겠습니다!

야마우치　그런데 어떤 '나'인지를 정하는 것에 어떤 의미가 있나요?

사르트르　지금까지 두 사람은 '누구로 살 건지'를 정하기 전에 목표를 정하고 그 목표에 맞게 행동을 정해왔을 거예요. 가령 '고시엔에 가고 싶어'라는 목표를 정하고 그 목표를 이루기 위해 '이런 연습을 하자'는 행동을 정했으리라 생각합니다. 많은 사람이 '누구로 살 것인가?'는 건너 뛰고서 그렇게 합니다. 하지만 사실 이 부분이 가장 중요해요. 왜냐하면 '누구로 살 것인가?'는 인간으로 사는 중심축이 되거든요. 그 기준이 늘 자신에게 용기를 주죠.

야마우치 군은 '미라클 야마우치'로 산다고 했죠? 가령 야마우치 군이 시합에서 노아웃 만루의 위기 상황에 있다 해도 '괜찮아. 나는 기적을 일으킬 수 있어'라고 믿을 수 있다면 자기 안에서 힘이 솟아 뒤이어 나오는 세 타자를 삼진으로 잡을 수 있을 거예요.

야마우치 선생님 말씀대로 '미라클 야마우치'가 되었다고 생각하니 강팀으로 꼽히는 고등학교의 4번 타자 얼굴을 떠올려도 두렵지가 않아요.

노구치 선생님, '누구로 살 것인가'를 먼저 정하지 않으면 어떻게 되나요?

사르트르 중심축이 되는 부분이 없으니까 쉽게 주저앉게 되죠.

매일 자신을 '완료'시키며 살기

사르트르 자, 둘째 주 수업을 시작해봅시다. 두 사람 모두 '누구로 살까'를 결정하고 나서 뭔가 달라졌나요?

야마우치 요전에 고시엔에 몇 번이나 출장한 강팀 Q고와의 연습시합이 있었는데요, 9회 1사 만루라는 위기 상황에서 극적으로 승리했습니다. Q고에 이긴 것은 처음이에요. 그야말로 '미라클'이었습니다.

사르트르 위기에 처했을 때 어떤 느낌이 들던가요?

야마우치 마음속으로 '기적의 야마우치' '기적의 야마우치'라고 몇 번이나 되뇌었습니다. 몸은 뜨거웠지만 머리는 냉정해져서 '지금'에만 집중할 수 있었던 것 같습니다.

사르트르 네, 시합에서도 연습에서도 일상에서도 늘 '지금'에 있는 것이 중요합니다. '지금'에 있으면 과거에 했던 잘못이나 실수를 떨쳐버릴 수 있으니까요. '지금'을 살기 위해서는 자기 안을 '마음에 걸리는 게 없는 상태'로 만들어놔야 합니다. 신경이 쓰이는 일이 있다면 말끔하게 완료시킬 필요가 있어요.

야마우치 완료요?

사르트르 네, 완료시켜야 해요. 이제 날이 저무는군요. 오늘 하루를 지내면서 마음에 걸리는 일은 없고요?

노구치 음, 달리기 연습을 저만 끝내지 못했습니다.

사르트르 이유가 뭐죠?

노구치 엄마한테 갑자기 연락이 와서 대화를 주고받는 사이에 달리기 시간이 끝났거든요.

사르트르 어떻게 할 건가요? 지금부터 달릴 건가요?

노구치 아니오, 어둠 속에서 달리면 부상을 입을 수도 있어요. 오늘은 안 할 거예요. 내일 달리겠습니다.

사르트르 내일 언제 달릴 거죠?

노구치 아침에 달리겠습니다. 평소보다 배로 달리려고 합니다.

사르트르 그 외에 마음에 걸리는 일은 없었나요?

야마우치·노구치 없습니다.

야마우치 그런데 어째서 하루를 말끔하게 완료하지 않으면 안 되는 건가요? 마음에 걸리는 게 없는 상태여야 한다는 건 왠지 알 것도 같지만.

사르트르 마음에 걸리는 일을 완료시키지 않은 채 놔두면 언제까지나 무의식에 남습니다. 그러면 며칠 후에 별안간 의식에 나타나게 되죠. 일에 집중하지 못할 때 '참 요전에 마신 카페오레가 미지근하게 나왔어, 에

이씨!'라는 생각이 떠오르면 그것이 부정적인 에너지가 됩니다. 그 결과, '지금'에 있지 못하게 되죠. 물론 바로 완료하지 못할 때도 있을 겁니다. 그런 경우는 머릿속에 '보류 상자'를 만들고 거기에 넣어두면 됩니다. 마음에 걸리는 일을 그대로 방치하면 불현듯 고개를 내밀고 나타나 당신이 하는 일을 방해하려고 할 겁니다. 하다만 숙제를 책상 위에 던져놓으면 정작 일을 해야 할 때, 작업 공간이 없게 되겠죠. 그렇게 되지 않으려면 하다만 일이나 마음에 걸리는 일은, 넣어야 할 곳에 넣어둘 필요가 있습니다.

노구치 그렇군요. 마음에 걸리는 일은 공책에 적는 게 좋을까요?

사르트르 그것도 좋겠죠. 일기를 써도 좋습니다.

자신의 결점도 밝히고 나면 힘이 된다

노구치 사르트르 선생님, 질문이 있습니다. 우리 두 사람은 각자 약한 부분이 있습니다. 툭하면 긴장한다든가, 당황한다든가 하는 것이죠. 그런 건 역시 고쳐야되겠죠?

사르트르 좋은 질문이에요. 결론부터 말하자면, 억지로 고치지 않아도 괜찮아요. 인생에는 밝은 면도 있지만 어두운 면도 있으니까요.

'어둠'은 누구나 피하고 싶어 합니다. 하지만 일어나지 않았으면 하는 일은 싫어도 인생에서 일어나게 되어 있어요. 결코 피할 수 없죠. 그럼에도 그걸 없애고 싶어 하는 것이 인간입니다. 하지만 '어둠'이 있어야 힘이 생겨나요. 있는 것(=실존하는 것)을 없는 것(=실존하지 않는 것)으로 만들려고 하면 무리하게 되죠. '있는 것을 있는 걸로 만드는 것'이 힘의 원천입니다. 즉, 숨기고 싶은 것도 밝히는 게 낫다는 말입니다.

노구치 약점을 감추지 않는 편이 낫다는 말씀인가요?

사르트르 네. '어둠'이란 어두운 면(Dark side)을 가리킵니다. 그림자라고도 하죠. 부정적인 면으로 인생에 존재하죠. 두 사람의 '어둠'은 무엇인가요?

야마우치 한 번 실수하거나 잘못하면 '다음에도 그럴지도 몰라'라며 불안해합니다. 불안하고 초조해지면 그게 태도로 노골적으로 드러나고요.

노구치 타자석에 서면 극도로 긴장하고, 공을 못 치면 주변사람들에게 화풀이를 해요. 또 부상을 당하면 초조한 마음에 무리를 하다가 결국에 회복을 지연시키기도 하고요.

사르트르 다들 어두운 면을 갖고 있어요. 우주 만물에는 상반된 것이 늘 한 쌍을 이루며 존재합니다. 전지는 플러스와 마이너스가 있어야 기능하고, 전구도 꺼졌다 켜졌다 하며 제 기능을 발휘하죠. 인간은 숨을 들이마셨다 내쉬며 살고요. 인간도 우주의 일부거든요. 또한 인간은 밝은 면과 어두운 면, 장점과 단점 등 양자가 균형을 이루며 살아갑니다. 하지만 생각과 감정만은 어두운 면을 싫어하죠.

야마우치 왜 싫어할까요?

사르트르 '어둠'은 긴 역사 속에서 인간에게 바람직하지 않은 면으로, 없는 걸로 치부되며 무의식중에 봉인되어 왔습니다. 하지만 무의식에 있는 '어둠'을 의식화하면 웬만한 일에는 동요하지 않는 자신을 만들어낼 수 있습니다. 그러면 싫어하는 일, 불쾌한 일, 바람직하지 않은 상황을 피하거나 없는 걸로 하는 대신에 있는 걸로 존재시킬 수 있습니다. 그게 의식화라는 거죠.

빛과 어둠의 균형을 맞추며 살기

사르트르 '빛(明)'이 강하면 '어둠(暗)'도 강해집니다. 밝으면 밝을수록 그림자가 짙어지고 어두워지죠. 하지만 그 반대의 경우도 마찬가지예요. 즉, '어둠'이 큰 사람은 그만큼 큰 '빛'도 갖고 있습니다. 그 큰 '빛'으로 자신은 물론 타인도 감싸 안을 수 있어요. 자신이나 타인의 '어둠'에 직면해서도 그것을 받아들이고 용서하고 감싸 안을 수 있다면, 즐겁고 기쁨이

넘치는 인생을 살 수 있습니다. 하지만 밝은 면에만 주의를 기울이면 균형을 맞추기 위해 반드시 어두운 면이 나오게 되죠.

노구치 어떤 순간에 어두운 면이 나오나요?

사르트르 시합 중에 의기양양하게 타자석에 섰는데 상대 팀 응원단에서 "풋내기!" "겁쟁이!"라고 야유가 쏟아질 때죠. 그러면 평소에 봉인해왔던 '나는 긴장하면 실수한다'라는 어두운 면이 갑자기 튀어나와서 '실수하지 않는 데' 온 정신을 쏟게 돼요. 즉, 지금을 살지 못하게 됩니다.

그러지 않으려면 '있는 것'을 있게 만드는 것, 즉 불안이나 걱정이 있으면 그걸 '있는 것'으로 만드는 것이 필요해요. 싫어하는 게 있으면 '없는 것'으로 치부하기 쉬운데, 그러면 무의식중에는 남게 되죠. 그럴 때, 있는 건 현실에서 일어나는 일뿐이고 그 외에는 실제로 없다는 걸 알면 '어둠'을 받아들일 수 있습니다.

노구치 어떻게 하면 '어둠'도 받아들일 수 있을까요?

사르트르 관찰을 하는 겁니다. 무의식을 의식화하려면 관찰하고 받아들여야 해요. 평소에 좋은 점도 나쁜 점도 양쪽이 있어야 좋다고 생각하세요. 나쁜 점을 억지로 고치려 하지 말고요. 뭔가를 성취하려면 업사이드(Upside, 위로 향하는 기분)와 다운사이드(Downside, 아래로 향하는 기분) 양쪽이 필요합니다. 다운사이드를 받아들이면 다운사이드의 힘도 쓸 수 있지만, 다운사이드를 바꿔보려고 업사이드의 힘을 끌어다 쓰면 두 힘을 다 쓰지 못해서 목표를 이루지 못하게 됩니다. 어둠을 받아들이면 인생에서 성취감을 맛볼 수 있게 되죠. 늘 인생에 참여하고 자유롭게 살며 스스로 책임을 지는 것, 그것이 인생입니다.

나에게 용기를 주는 말을 마음에 새겨라

사르트르 마지막 셋째 주 수업입니다. 드디어 다음 주부터 고시엔의 지역대회가 시작되는군요. 그래서 두 사람에게 해주고 싶은 말이 두 가지 있습니다. 첫째는 자기 자신에게 용기를 줄 수 있는 말을 찾고, 그것을 마음에 새기기를 바란다는 것입니다.

야마우치 어떤 말인가요?

사르트르 가령 '대담하게 공격하라' '위기야말로 기회' '나에게 두려운 것은 없다'와 같은 유명한 말들처럼 '이 말을 하면 큰 혼란이 닥쳐도 극복할 수 있을 것 같다'와 같은 강력한 말을 마음에 새기는 것입니다. 말의 힘은 강해서 유사시에 힘을 발휘합니다. 시합에서 위기에 직면했을 때, 그 말을 앞으로 던지면, 즉 소리 내어 말하면 틀림없이 두 사람의 든든한 편이 되어 용기를 줄 겁니다. 책과 만화, 혹은 좋아하는 선수가 한 말에서 꼭 찾아보세요.

이기면 모두의 공, 지면 모두의 책임

사르트르 두 번째는 한 사람 한 사람이 책임을 지고 살기 바란다는 것입니다. 책임이라고 하면 아무래도 '무겁게 짓누른다'는 부정적인 인상을 가진 사람이 많습니다. 하지만 자신들이 처한 상황은 '전부 스스로 선택한 것'임을 의식하고, 선택한 이상 나 자신에게 책임이 있다고 생각하면 긍정적으로 바라볼 수 있습니다. 가령 시합에서 졌다고 해도 다른 누구의 잘못이 아닙니다. '모든 것은 자신이 원인'이라고 생각합니다. 그 상황은 자신이 만든 것입니다.

노구치 벤치에 앉아만 있고 시합에 나가지 못하는 부원에게도 책임이 있다는 말씀인가요?

사르트르 물론입니다. 스스로 선택해서 야구부에 들어간 이상 어떤 포지션에 있든 한 사람 한 사람에게 전부 책임이 있습니다. 응원하는 사람은 열심히 응원하고, 타자는 열심히 배트를 휘두르고, 투수는 열심히 공을 던집니다. 한 사람 한 사람이 각자의 역할을 다하고 하나가 되어 싸우는 것이 중요합니다. 이기면 모두의 공이고 지면 모두의 책임입니다. 그 점을 잊지 말고 시합에 나가세요.

'지금'에만 집중하라

야마우치 선생님이 하신 말씀은 머리로는 이해가 됩니다. 하지만 누군가가 실수를 해서 점수를 빼앗기면 그 선수의 책임이라고 생각하게 될 것 같아요.

사르트르 보통은 그렇게 생각하겠죠. 무리도 아닙니다. 하지만 '지금'에 집중하면 누구에게 책임이 있는지 따질 여유가 없을 겁니다. 실수한 건 눈 깜짝할 새에 과거의 일이 됩니다. 시합 중에 일일이 과거를 신경 쓰고, 그것도 본인만이 아니라 선수들 모두가 실수에 주목하면 시합에 이길 거라 생각해요?

야마우치 …….

사르트르 시합 중에는 일일이 누구누구의 탓인지 따지거나 의기소침해하지 말아야 해요. 그 전에 해야 할 일이 있습니다. 지금에 주목하세요. 지금은 바로 거기에 있으니까요. 점수를 빼앗길 때마다 어깨를 축 늘어트리고 의기소침해 있는 게 나을까요? 아니면 '점수를 빼앗긴 건 과거의 일이야. 지금은 공을 쳐서 점수를 따자'고 생각하는 편이 나을까요? 야마우치 군은 어느 쪽이죠?

야마우치 '점수를 따자'고 생각하고 싶습니다.

사르트르 그렇죠. 만약에 실수를 해서 상대에게 1점을 빼앗겼다면 이쪽은 2점을 따면 그만입니다. 과거에서 현재를 보는 것이 아니라 '지금'에만 집중하는 거예요. 늘 '지금'을 사세요. 그러면 실수 따위 신경 쓰이지 않게 됩니다. 시합 중에는 한 사람 한 사람이 한 순간 매 순간, 정말로 자신이 해야 할 일을 똑바로 하는 것이 중요해요.

야마우치 정말로 해야 할 일이요?

사르트르 타자라면 안타를 치는 것, 실책한 외야수라면 실책은 흘려보내고 수비에 매진하는 것, 투수라면 점수를 빼앗겨도 바로 넘겨버리고 계속 공을 던지는 것이겠죠. 그 외에 또 불안한 건 없나요?

노구치 시합 중에 긴장해서 당황하면 어떻게 해야 할까요?

사르트르 지금까지 들은 설명을 행동으로 옮길 수 있다면 더 이상 긴장하지 않을 거예요. 그래도 긴장이 된다면

'나는 누구인가?'를 떠올려보세요. 노구치 군이라면 '강인한 노구치'라는 중심축으로 돌아가는 거예요. 그리고 언제나 지금만을 생각하고 지금만을 사는 거죠.

만약에 팀의 누군가가 '지금'을 살지 않고 긴장하고 있다고 느껴진다면 모두가 "네가 누구로 살고 있는지 잘 생각해봐" "너는 용기가 있잖아!"라고 격려해주세요. 분명히 긴장이 풀리고 평소의 모습으로 되돌아올 겁니다. 그리고 감독님을 비롯하여 선수, 매니저, 응원단 전원이 하나가 되어 힘껏 싸울 수 있다면 선수 각자가 시합의 승패보다 더 소중한 걸 얻을 수 있을 거예요. 열심히 해요! 선생님도 응원할게요.

다음 주부터 시작된 고시엔 행을 결정하는 지역대회에서 팀은 1회전, 2회전 순조롭게 승리했다. 그리고 맞이한 결승전은 7회를 마치고 2대 7, 5점 차이로 지고 있는 상황. 누구나 남은 2회에 5점 차이를 뒤집기란 어려울 것이라고 생각했다.

하지만 8회에 '강인한 노구치' 군의 2루타를 시작으로 2점 차까지 추격했고 마지막에는 '미라클 야마우치' 군이 역전 쓰리런 끝내기 홈런을 치며 시합을 결정지었다. 결국 팀은 그야말로 기적적으로 30년 만에 고시엔 출장티켓을 거머쥐었다.

사르트르의 수업 포인트

★ 과거는 과거다.
　새롭게 '누구로서 살지'를 결정하라.
★ 빛과 어둠의 균형을 이루며
　항상 '지금'을 살아라.

장 폴 사르트르의 마지막 날

장 폴 사르트르는 '칼럼 5'에서 기술한 대로 노벨문학상을 거부했습니다. 당시 이미 세계적인 명성을 얻은 그는 정력적으로 집필을 계속했고 정치 활동에도 점점 힘을 쏟았습니다. 하지만 60대 후반이 되면서 차츰 체력이 떨어졌습니다. 게다가 1973년에는 가벼운 심장 발작으로 활동을 제한해야 했습니다.

사르트르는 어린 시절에 심한 감기를 앓고 그 합병증으로 오른쪽 시력을 잃었습니다. 그런데 심장 발작이 일어난 후에는 고혈압으로 왼쪽 눈에서 안저출혈이 일어나 결국에는 양쪽 시력을 거의 잃고 말았습니다. 그 이후로 젊은 시절부터 계속해온 독서도 집필도 할 수 없게 되었습니다.

그래도 사르트르는 집회와 토론회에 참여하며 자신이 지지하는 단체와 활동을 옹호했습니다. 개인적 입장을 밝히고 다양한 메시지를 꾸준히 보낸 것입니다. 1980년 4월에는 철학자 베니 레비(Benny Lévy)와의 대담집 『지금 희망이란(L'Espoir maintenant)』을 발표했습니다. 거기서 사르트르는 "사는 이상 희망을 만들어내지 않으면 안 된다"라는 메시지를 남겼습니다. 그 대담을 발표하고 2주 후인 4월 15일에 폐수종으로 세상을 떠났습니다. 일흔넷의 나이였습니다.

사르트르가 눈을 감은 지 4일 후에 장례식이 거행되었습니다. 그는 평생 결혼을 하지 않아서 자식도 없었습니다. 사르트르를 곁에서 지켜주던 이는 보부아르와 양녀 아를레트 엘카임 사르트르(Arlette Elkaim-Sartre) 두 사람뿐이었습니다. 하지만 결코 쓸쓸한 장례식은 아니었습니다. 사르트르의 유해를 실은 차가 평소 사르트르가 서재 대신 쓰던 카페 앞을

지나 센 강 좌안지구, 라탱지구를 거쳐 몽파르나스 묘지로 향했는데 운구차가 지나는 길마다 많은 인파가 몰렸습니다. 사르트르의 비보를 들은 5만 명의 시민들이 모인 것입니다. 그들은 사르트르를 태운 차를 따라 걸으며 그의 죽음을 애도했습니다. 장례식을 주관하는 사람이 "가족 여러분, 앞으로 나와주세요"라고 말하자 한 여성이 이렇게 외쳤다고 합니다. "우리 모두가 그의 가족입니다." 시민에게 사랑받았던 사르트르다운 인생의 마지막이었습니다.

왜,
지금,
사르트르인가?

여기까지 읽고 여러분은 자기 안에서 어떤 변화를 느꼈나요? 프롤로그에도 썼지만 장 폴 사르트르는 "인간은 자유다. 자신의 본질은 스스로 만들어라. 그것이 진정한 인생이다"라는 메시지를 사람들에게 던졌습니다.

이 책에서는 자신의 본질을 스스로 만들 수 있도록 사르트르다운 질문을 충분히 실었습니다. 마음을 움직인 곳이 있다면 몇 번이고 다시 읽고 자신에게 질문하고 답을 생각해보세요. 그리고 여러분다운 인생을 만들어가기를 진심으로 바랍니다.

아무 생각 없이 살아오던 평범한 삶

마지막으로 저에 대해 조금 소개해보겠습니다. 저는 1964년에 도쿄 세타가야에서 태어났습니다. 그리고 얼마 후 가족이 야마가타로 이사를 가서 그곳에서 자랐습니다. 아버지는 목수였고 어머니는 아버지의 일을 도왔습니다. 집에는 다섯 살 위의 언니와 할머니까지 총 다섯 식구가 살았습니다.

어머니는 어린 시절 제가 조용하고 차분해서 키우기가 수월했다고 말합니다. "넌 늘 한 곳을 바라보며 생각에 잠기곤 했지. 실제로 뭘 생각했는지 어떤지는 모르지만. 웃었던 기억은 별로 없네. 그러고 보니 웃고 찍은 사진이 없구나."

아버지가 저희에게 당부한 것은 딱 두 가지였습니다. 첫째, 대답할 때는 "네"라고 할 것. 둘째, 모르는 사람에게도 인사할 것. 우리 집은 장사를 하니 동네 사람이 너를 알고 있을지 모른다면서요.

어머니가 당부한 것은 한 가지뿐이었습니다. 복도에 걸레질을 하고 놀러 나갈 것. 때로는 화장실과 현관 청소를 시

키기도 했습니다. 청소를 하지 않으면 화를 냈지만 그 외에
는 화를 냈던 기억이 없습니다.

초등학생 시절, 마법 학교에 다니는 꿈을 자주 꿨습니다.
꿈속에서 내내 마법을 배운 탓인지, 아침에 눈을 뜨면 녹초
가 되어 학교에 갈 수가 없었습니다. 그래서 어머니에게 말
하면 "벌써 공부는 다 했으니 쉬렴" 하고 말해주었습니다.
초등학교를 가지 않아도 공부를 하지 않아도 한마디도 하
지 않았습니다. 아니 한술 더 떠 아버지는 뭘 하든 칭찬 일
색이었습니다. 그렇게 애정을 듬뿍 받으며 자랐고, 성적은
좋지도 나쁘지도 않고 그저 보통이었습니다.

저는 일류 기업에 많이 간다고 알려진 지역 상업고등학
교에 다녔고, 졸업한 후에는 도쿄에 있는 증권회사에 취직
했습니다. 저 나름대로 일을 하며 평범하게 하루하루를 보
내던 어느 날, 외국계 증권회사에서 일하면 어떻겠냐는 상
사의 제의를 받고 회사를 옮겼습니다. 그곳에서도 특별히
잘하지도 않고 평범하게 일을 했습니다.

스승과의 만남으로 인생이 달라지다

스물다섯이던 어느 날, 인생을 바꿀 만한 사건이 일어났습니다. 1989년, 쇼와(昭和, 일본의 연호로 1926년 12월 25일~1989년 1월 7일까지를 가리킨다) 시대를 연 일왕이 세상을 떠나고 당시 관방장관이던 오부치 게이조(小渕惠三, 제85대 총리를 지낸 일본의 정치가) 씨가 '헤이세이(平成, 1989년 1월 8일부터 2019년 4월까지 일본의 연호. 5월 1일에 연호가 레이와[令和]로 바뀌었다)'란 글자를 내세웠습니다.

그 글자를 보며 '밝고 평화롭던 세상에서 앞으로는 안정적이고 평탄해지겠구나'라고 생각하던 그해에, 그전까지는 상상도 하지 못했던 인생을 걷게 된 것입니다. 동료의 권유로 참가한 공부 모임이 계기였습니다.

강연장에 들어가니 단상에 쉰 살쯤 되는 여성이 이삼백명가량 되는 참가자와 마주보며 뭔가를 이야기하고 있었습니다. 그 여성은 의사 자격증을 가진 분이었습니다. 이 여성이 물었습니다.

"당신은 누구인가요?"

"뭘 하고 싶나요?"

"무엇을 위해 살고 있죠?"

수많은 청중이 있는데도 어쩐지 나한테 묻는 말처럼 들렸습니다. 말하는 모습이 너무나도 생기가 넘쳤기 때문인지도 모릅니다. 나중에 나이를 물어보니 예순이 되기 직전이었습니다. 제가 예순이 되었을 때, 이렇게 생기 있게 보일 수 있을까요? 직감적으로 '이 사람처럼 되고 싶다'고 생각했습니다.

저는 그녀가 나오는 모든 강좌를 듣기로 했습니다. 그녀의 한마디 한마디를 빠짐없이 듣고 배우고 싶었습니다. 그리고 그걸 배움으로써 "내가 누구인가?"도 알고 싶었습니다. 이 여성이 바로 프롤로그에 나온 저의 스승입니다.

제가 인생에 대해 막 공부하기 시작한 11월에 다시 사회가 크게 변했습니다. 베를린 장벽이 무너진 것입니다. '세상이 안정되고 평탄해지겠구나'라고 생각한 지 얼마 되지도 않아서 이번에는 '동과 서가 하나'가 되었습니다. 이것은

'동양과 서양이 하나가 된다, 인간이 하나가 된다는 신호다' 그렇게 생각했던 것을 생생하게 기억합니다. '세상이 크게 변하려고 하는 지금, 나는 어떻게 살아야 할까?' 나 자신에 대한 관심이 샘솟았습니다.

그 후에도 인간에 대한 탐구를 계속하다 15년이 지나 마흔하나가 되던 해에 생각했습니다. '여태까지 배운 것을 살리고 싶다, 자기다움을 잃지 말고 있는 그대로 자유롭게 살 가능성을 제공하고 싶다.' 그런 생각으로 주식회사 아이플러스를 설립했습니다.

그리고 다시 10년 후인 2015년, 쉰 살이 됨과 동시에 '내 사명을 다하고 싶다, 120만 명의 사람들에게 성장과 발전을 제공하고 싶다'는 생각에서 또 다른 회사인 일반사단법인 아이아이 어소시에이츠를 열었습니다.

'자기다움'이란 스스로 창작하는 것

앞서 소개한 스승에 관해 조금 더 이야기하려고 합니다.

제가 지금 이 자리에 있게 된 것은 다 이 스승의 가르침 덕분입니다. 스승에게 많은 가르침을 받고 여기까지 올 수 있었습니다.

그녀는 미국 국적을 가진 일본 여성입니다. 미국에서 의사로 활약했으나 인생을 바꾸는 프로그램을 알게 된 후, 일본인에게도 알리고 싶어서 의사를 그만두고 일본으로 돌아온 것입니다. 저에게는 그런 경력을 가진 선생님과 만날 수 있던 것이 기적이었습니다.

30년 남짓 미국에서 살았던 그녀는 그 사이 일본어를 쓰지 않아서 귀국 당시에는 거의 일본어를 하지 못했다고 합니다. 그래서 미국에서 배운 걸 일본에 알릴 때는 일본어를 다시 배워야 했다고요.

그래서인지 그녀가 말하는 일본어는 어휘가 쉽고 설명이 아주 자세했습니다. 어려운 철학과 심리학 분야도 그녀의 설명을 통해 듣노라면 정말이지 쉽게 이해할 수 있었습니다. 만약에 그녀가 일본어를 유창하게 했더라면 지금의 저는 없었을 것입니다. 공부를 하거나 책을 읽는 것에 통 관심이 없는 인간이 되었겠죠.

그녀에게 배운 사르트르의 철학은 나를 일깨워주었습니다. '그러고 보니 나는 어린 시절부터 상상하는 것, 창작적인 사고를 하는 걸 아주 좋아했었지'라는 것을요. 그리고 '내가 나답게 사는 인생'을 사람들에게 제공하는 것이야말로 내가 하고 싶은 일임을 알려주었습니다.

인간은 누구나 '저마다 그 사람으로서 천재'이며 그 사람답게 살아야 만족감과 성취감, 기쁨을 느끼며 활기차게 살 수 있습니다. 그저 그 사실을 모를 뿐이죠. 그게 가능하다고 알리는 것이 저의 소임이라고 생각합니다.

저는 내 인생을 바꾼 사르트르의 철학을 이 책에 소개했습니다. 이 책을 읽은 분이 자신의 천재성을 깨닫고 뭔가에 도전하고 알고 싶은 마음이 생기기를 간절히 바랍니다.

현대에는 지금 자신이 누구인지, 어떻게 하면 자기답게 살 수 있는지 알지 못하고 어떻게 해야 좋을지 모르는 사람이 참 많습니다. 그런 사람들에게 이 책이 '자기다움은 스스로 만들어내는 것'이라는 점을 알려드릴 수 있다면 그보다 더한 행복은 없겠지요.

그리고 사르트르에게 흥미가 생기면 그의 저작도 꼭 읽어보기 바랍니다. 특히 『실존주의란 무엇인가』 『구토』 『존재와 무』 세 권을 추천합니다. 부디 자신다운 인생을 살기를 바랍니다.

마지막으로 이 책을 발행하는 데 도움을 주신 모든 분들에게 감사드립니다. 특히 고분샤(光文社)의 모리오카 준이치(森岡純一) 님, 클로로스(CHLOROS)의 오가와 마리코(小川真理子) 님, 프로듀서 야마모토 도키오미(山本時嗣) 님, 아이아이의 동료인 가요(佳世) 씨, 스미요(純代) 씨, 그리고 아이아이 어소시에이츠에서 함께 일하는 여러분들. 여러분이 없었더라면 아무것도 할 수 없었을 거예요. 고맙습니다.

그리고 만난 지 30년, '개인의 발전'을 목표로 함께 일해온 파트너 이토 유코, 언제 어디서나 모든 걸 받아주고 지지

해주는 남편 쓰쓰미 신야(堤眞也), 저를 낳아주고 키워준 부모님에게 진심으로 감사의 인사를 전하고 싶습니다.

"고맙습니다, 사랑합니다."

Be Happy!

『실존주의란 무엇인가(L'existentialisme est un humanisme, 1946)』, 장 폴 사르트르 저, 이부키 다케히코(伊吹武彦) 역, 진분쇼인(人文書院), 1955

『그림으로 해설 개요로 알 수 있다! 사르트르의 지혜(図説 あらすじでわかる！サルトルの知恵)』, 나가노 준(永野潤) 저, 나쓰메샤(ナツメ社), 2003

『90분만에 알 수 있는 사르트르(Sartre in 90 Minutes)』, 폴 스트레턴(Paul Strathern) 저, Ivan R. Dee, 1998

NHK텔레비전텍스트 사르트르『실존주의란 무엇인가』, 2015년 11월(100분 de 명저), 에비사카 다케시(海老坂武), NHK슛판(NHK出版), 2015

『모두가 기꺼이 하나가 되었다』, 고미나미 나미코(小南奈美子), 포플러샤(ポプラ社), 2009

『Nami 씨가 보내는 마지막 메시지 SQ 진정한 나를 산다, 있는 그대로도 오케이!』, 고미나미 나미코 오쿠보 다다오(大久保忠男) 저, 간자키 노리코(神崎典子) 편저, 플로어(プロア), 2015

『Nami 씨의 네이밍육아』, 고미나미 나미코, 온북(オンブック), 2008

어려운 철학을
현실로 끌고 내려온
인생의 해결책

실존주의를 대표하는 철학자 장 폴 사르트르. 누구나 한 번쯤 그의 이름을 들어봤을 것이다. 그의 사상을 집대성한 『존재와 무』를 비롯하여 『구토』와 『말』과 같은 소설도 그가 세상을 떠난 지금까지 여전히 사랑받고 있다. 그렇다면 그의 사상이 어떻기에 사람들에게 사랑받은 것일까?

이 책 머리말에서 사르트르의 사상은 '알기 쉬우면서도 실천적'이라고 했다. 그것이 사르트르가 대중에게 사랑받은 이유 중 하나인지도 모르지만 알기 쉽고 실천적이라고 해서 일반인이 쉽게 이해하고 접할 수 있는 수준이라는 뜻

은 아니다

저자는 그의 여러 사상 중 몇 가지 이론을 독자가 쉽게 이해할 수 있도록 대화를 통해 알기 쉽게 제시한다. 가령, 존재는 인간에 의해 의식되건 않건 간에, 그 자체로서 본래부터 존재하는 즉자(卽自, an sich)와 그 자체로서 존재하지 못하고, 그 무엇에 관한 의식으로서만 존재하는 대자(對自, pour-soi)에 관하여. 그리고 그 자체로 존재하는 즉자는 어떤 원인의 결과로 있다거나, 어떤 목적을 향해서 존재하지 않고 그저 있을 뿐이며 '그저 있다'는 것 외에는 아무것도 아니라는 것. 그리고 인간은 존재하지 않고 '실존'하며 자기 자신을 미래를 향해 끊임없이 '투기(投企)'하면서 현재를 뛰어넘는다는 것. 또한 사물은 과거의 원인이 현재의 결과를 규정하지만 인간의 경우는 거꾸로 미래가 현재를 규정한다는 것. 따라서 인간은 미래의 많은 가능성 가운데 어느 하나를 선택하여 자기를 내던져야 하며 그러기에 현재를 사는 것이 중요하다는 것까지.

다만 이 책은 사르트르의 사상 자체에 중점을 두었다기보다는 그의 사상을 바탕으로 삶의 지혜를 제시하고 인생의 고민을 해결하는 데 주안을 둔다. 여기에 나오는 사르트르 선생도 철학자 사르트르라기보다 사르트르 사상을 배운 작가와 그 스승의 현신이라고 할 수 있다. 그래서 책 프롤로그에서 사르트르의 사상을 철저히 배운 스승의 가르침이 지금의 자신을 있게 했다고 작가는 고백한다.

- 지금까지 어떻게 살았는지는 관계가 없다
- 과거는 지워도 상관없다
- 인생은 '지금 여기서부터 시작'할 수 있다
- '자기 자신을 잃지 않고 어떻게 자기답게 살지'를 찾아보라
- 자신을 미래에 내던져버리고 지금을 자유롭게 살라

그리고 이를 바탕으로 각 사례별로 고민의 해결책을 제시한다. 책에는 아버지와 사이가 나빠진 아들, 돈에 쪼들리는 회사원, 맡고 있는 술집의 매출이 오르지 않아 고민하는 점장, 앞으로 어떻게 살 것인가에 대해 고민하는 직장 여성, 창업하고 싶은데 직장을 그만두는 것이 두려운 직장 남성, 고시엔에 출장하고 싶은 고등학생까지 각 연령과 성별, 처

한 상황이 각기 다른 인물들이 등장한다. 이들은 사르트르 선생과 문답을 주고받음으로써 자신의 문제점을 자연스레 깨닫고 해결책을 얻어낸다. 그래서 독자도 문답을 따라가다 보면 자연스레 납득할 만한 결론을 얻게 된다.

이렇게 선생이 일방적으로 가르치지 않고 어려운 철학을 현실로 끌고 내려와 쉽게 설명하여 이해를 높이는 점, 사례를 들어 공감을 끌어내는 점이야말로 이 책의 장점이 아닌가 한다. 인생을 살며 고민이 없는 사람이 있으랴만 그 고민을 조금이나마 덜어보고자 하는 분들에게 이 책이 도움이 되기를 바란다.

전경아

옮긴이 | 전경아 중앙대학교를 졸업하고 일본 요코하마 외국어학원 일본어학과를 수료했다. 현재 번역 에이전시 엔터스코리아 출판기획 및 일본어 전문 번역가로 활동하고 있다. 옮긴 책으로『미움받을 용기 1, 2』,『마흔에게』,『세계에서 가장 자극적인 나라』,『비기너 심리학』,『지도로 보는 세계민족의 역사』 등이 있다.

책임은 어떻게
삶을 성장시키는가

행동하는 철학자
사르트르에게 배우는
인생 수업

초판 1쇄 발행 2019년 6월 21일
초판 3쇄 발행 2021년 3월 19일

지은이 쓰쓰미 구미코
옮긴이 전경아
펴낸이 하인숙

기획총괄 김현종
책임편집 한보라
디자인 김정숙, 투에스

펴낸곳 (주)더블북코리아
출판등록 2009년 4월 13일 제2009-000020호
주소 서울시 양천구 목동서로 77 현대월드타워 1713호
전화 02-2061-0765
팩스 02-2061-0766
포스트 post.naver.com/doublebook
페이스북 www.facebook.com/doublebook1
이메일 doublebook@naver.com

ISBN 979-11-85853-64-2 03190